窗边的小百灵 GOOD STORY 故事文丛 ⑧

•九年制义务教育课外分级读本•

王文湛◎主编

青春，羞涩的“小痘痘”

中学生必读的经典智慧故事

STUDENT
MOTIVATIONAL Classic

中国妇女出版社

编 委 会

快乐阅读，智慧享受

——“窗边的小百灵”伴你成长

一

“当太阳又开始温暖地照着的时候，他正躺在沼泽地的芦苇里。百灵鸟唱起歌来了——这是一个美丽的春天。”

这是我和小百灵的第一次邂逅，在安徒生的童话世界中，在那只丑小鸭的梦境之中。

以后，每当我因为内心的胆怯和软弱而觉得不知所措的时候，我便会在故事的海洋中寻找帮助。那婉转而动听的歌声便会在我耳边响起，带着春天的气息向我涌过来，就像突然推开了一扇窗户——灿烂的阳光洒在身上，我的眼前出现了一片美丽而又广袤的神秘世界。

那时，对于阅读的爱好是天然的，就像是一颗奇妙的种子种在自己的心田里，埋得深深的。当“小百灵”的歌声响起的时候，这颗活着的种子便重新苏醒了过来。那些在我的眼前跳动着的文字，竟然散发出了一种谜一般的魅力。读着读着，就能让自己的心境变得宁静而快乐，仿佛所有的不安与怯弱都被慢慢地拭去了，自己的心里变得亮堂堂的。

那种不由自主的沉浸的感觉——现在想来，其实就是感动。故事，能够改变人；阅读，是一种享受。这一点，我深信不疑。

二

这是一套成长阅读书，一套适合所有成长中的孩子阅读的书。

“长大”这个词儿，似乎有着不可思议的魔力：一年级的时候，小豆包们背起书包走进校门，神气地想“上学啦，我长大了!”；到了二年级，小家伙们戴上了鲜艳的红领巾，又会觉得一年级时太天真，从这一刻起自己才算真正长大；三四年级了，看过许多书、听过了许多故事的“小伙子”“小姑娘”反而开始觉得自己好小好小，离长大还很遥远；终于上到五六年级了，又会说“哇，我是高年级的学生了，我真的长大了!”

童年，就是一首不断盼望着长大的歌，孩子们就像小百灵一样在歌声中慢慢长大。

“在没有孩子的时候，一个人的世界还是未发现美洲的时候。孩子是哥伦布，带你到新大陆去。”成长中的孩子就像一张白纸，他们用一种积极的目光审视着周围的环境。他们的人生是一种主动的人生，拥有旺盛的精力和丰富的色彩，拥有成人所无法想象的奇妙与瑰丽。而故事就是一座沟通孩子和成人之间的桥梁，一座可以沟通爱、亲情和智慧的桥梁。

在我们的脑海中，印刻着这样一幅画面：早晨起来，背着书包的孩子们在小百灵的目送下出门；下午归来，小百灵的歌声为孩子们引路。让孩子同“窗边的小百灵”一起成长，是我们最大的心愿，也是我们编选这套故事书的初衷。

三

这是一套智慧阅读书，一套可以点亮孩子智慧之灯的书。

“窗边的小百灵”，她柔美得犹如清晨的第一滴露水。当我们侧耳倾听她的声音时，她便会在这种关注之下小心翼翼地舒展自己的翅膀，轻盈地穿过窗子，飞到孩子们的身旁，为孩子们点燃一盏智慧的灯。

曾经听过一个叫做《差别》的小故事。年轻的布鲁诺先生因为无法收获老板的重视而愤愤不平。在他眼里，那个叫做阿诺德的小伙子并不比自己优秀多少。听了抱怨的老板只是让两位年轻人去市场走了一遭。在市场和店铺间跑了三趟的布鲁诺，以及一次就为老板带去所有信息的阿诺德哪一个更优秀，作者并没有给出答案。但是在结尾，老板不动声色的问话却回答了所有的疑惑:“现在您肯定知道为什么阿诺德的薪水比您高了吧?”

这个故事给我留下了深刻的印象。因为，在故事中所有的答案都由读者自己来寻找，一目了然同时发人深省。这样的智慧，能够带给孩子们什么收获，我想也是不需要给出答案的吧!

智慧无处不在，却又处处隐藏。讲一千遍大道理，还不如听一个小故事带给孩子的收获大。因为那些看似平淡无奇的故事中，藏着一位名叫智慧的小精灵。我们希望这套“小百灵”能够在不经意间轻轻拨动孩子的心弦，带给小读者新鲜的感受。

四

这是一套兴趣阅读书，一套让孩子收获快乐和知识的书，一套同步于课堂和成长、培养孩子主动阅读习惯的书。

有的故事很精彩，可惜篇幅太长了；有的故事很有趣，可惜内容太深了。正是基于这种观点，我们挑选了那些生动有趣而又短小精练的小故事编辑成书，竭力为小读者们送上一道美味的文化大餐。我们希望，这是一套“与教材同步，与成长同步，与兴趣同步”的阅读书。

成长时期的孩子，长于感受而不善评论。因此，我们在每一篇小故事的后面加上了人物点评，并且特意在书中设计了两个孩子——俞乐儿和麦飞飞。这两个孩子和小读者一样，他们快乐地阅读，快乐地成长着。当然他们也有不开心的时候，可是只要有父母和亲人的关爱与帮助，有自我的努力，一切都会好起来的。一年级，二年级……寒假，暑假……不知不觉中一圈圈的年轮见证着我们成长的脚步，是那么坚定而清晰。

对于这些小故事，俞乐儿和麦飞飞有自己的观点，他们的父母也会对一些故事做出评价。思考，在争论和互动中可以达到最佳效果。所以，我们试图以最准确到位的评论来引导小读者，激活他们的感受，让他们的阅读更加清晰有条理。

愿这套书能给孩子们带来阅读的乐趣和成长的启迪，让他们像一只只快乐的小百灵那样，在天空中快乐而自由地飞翔！

人物简介

姓名：麦飞飞（麦子）

个人档案：升入8年级以后的麦子，比刚升入初中时更加的得心应手，成绩不错，朋友也挺多，还当上了语文课代表。可是麦子却有点儿焦虑，因为时间总是不够用，他总是没有足够的时间做自己喜欢做的事情，比如看每周的NBA比赛等。

在学校里，麦子依然很努力，努力地展示自己，努力地做好自己，可是他觉得在大人眼里还是被当成了小孩子，这让他觉得很困惑；和同学相处也不像从前那样自如了，尽管朋友越来越多，可是麦子还是觉得很孤独。8年级的每一天里，麦子都在和自己心里的烦恼交战。

也许，长大就必须承担这些烦恼吧！

口头禅：别烦我！

姓名：俞乐儿(小鱼)

个人档案：尽管8年级的学习压力变得更重了，小鱼仍然毫不犹豫地再次成为一班的班长。责任心让小鱼在学校里变成另一个人：沉稳而有自信。

在新的学年里，小鱼要做的事情有很多，不管是在学校还是回家，在大家面前小鱼保持了一贯的“女侠”作风——果断干练，可是回到了家里，她也会抱怨“怎么会这样”。她还会和自己的好友一起分享音乐的乐趣——录制自己的MTV。总而言之，烦恼总是不请自来，小鱼要做的，就是把烦恼放进自己的衣橱里，让自己的脸上永远阳光。虽然很辛苦，可是谁说长大是一件轻松的事儿呢？

口头禅：哈？什么？

目录

CONTENTS

CONTENTS

战争，不是一场游戏

只有在回顾历史的时候，我们才会发现那些战争带给我们却常常被遗忘的东西。战争，离我们很遥远，而那些残酷与痛苦的回忆会提醒我们：战争，不是一场游戏。

生死攸关的烛光

佚　名

第二次世界大战期间，法国有一位家庭妇女，人称伯诺德夫人。她身边只有两个幼小的儿女。为把德国入侵者赶出自己的祖国，母子三人都参加了秘密情报工作。

伯诺德夫人的任务是把收到的绝密情报藏好，等盟军派人前来取走。为了情报安全，她想了许多办法，但始终放心不下。最后，她终于想到了一个绝妙的主意——把装着情报的小金属管藏在半截蜡烛中，然后把它插在一个烛台上。由于蜡烛摆在显眼的桌子上，反而骗过了德军的搜查。

一天晚上，屋里闯进了3个德国军官。他们坐下后，一个中尉顺手拿过藏有情报的蜡烛点燃，放到少校军官面前。伯诺德夫人知道，万一蜡烛点燃到金属管处就会自动熄灭，蜡烛的秘密就会暴露，秘密情报站就会遭到破坏，同时也意味着他们一家三口的生命将告结束。她看着两个脸色苍白的孩子，急忙从厨房中取出一盏油灯放在桌上。

"瞧，先生们，这盏灯亮些。"说着伯诺德夫人轻轻地把蜡烛吹熄，一场危机似乎过去了。

轻松的心情没有持续多久，那位中尉又把冒着青烟的烛芯重新点燃。"晚上这么黑，多点支小蜡烛也好嘛。"他说。

时间一分一秒地过去。这时候，大儿子杰克慢慢地站起来："天真冷，我到柴房去搬些柴来生个火吧。"说着伸手端起烛台朝门口走去，屋子顿时暗下来了。

中尉快步赶上前，厉声喝道："你不用蜡烛就不行吗？"一把夺回烛台。孩子是懂事的，他知道，厄运即将到来了。在斗争的最后时刻，他从容地搬回一捆木柴，生了火，默默地坐待着。烛光摇曳着，发出微弱的光。此时此刻，它仿佛成了这屋子里最可怕的东西。伯诺德夫人的心提到了嗓子眼儿上，她似乎感到德军那几双恶狼般的眼睛盯在越来越短的蜡烛上。

突然，小女儿杰奎琳娇声地对德国人说道："司令官先生，天晚了，楼上黑，我可以拿一盏灯上楼睡觉吗?"

少校瞧了瞧这位可爱的小姑娘，说："当然可以。我家也有一个你这样年纪的小女儿。"

杰奎琳镇定地把烛台端起来，向几位军官道过晚安，上楼去了。

正当她踏上最后一级楼梯时，蜡烛熄灭了。

小鱼点评

看这个故事的时候，我的心也像伯诺德夫人一样提到了嗓子眼儿上，还好，蜡烛熄灭了，我也松了一口气。

面对凶狠而狡猾的敌人，光有勇气是不够的，还需要用智慧的头脑和冷静的态度应对。

请把我埋得浅一些

南　北

二战时期，在一座纳粹集中营里，关押着很多犹太人，他们大多是些妇女和儿童。他们遭受着纳粹无情的折磨和杀害，人数在不断减少。

有一个天真活泼的小女孩和她的母亲一起被关在集中营里。一天，她的母亲和一些妇女被纳粹士兵带走了，从此，再也没有回到她的身边。人们知道，她们肯定是被杀害了。因为每天都有人被杀害，死亡的阴影笼罩着每一个人，谁也不知道自己能否活到第二天。但当小女孩问大人们她的妈妈哪里去了？为什么这么久了还不回来时，大人们沉默着流泪了，后来实在不能不回答时，就对小女孩说，你的妈妈去寻找你的爸爸了，不久就会回来的。小女孩相信了，她不再哭泣和询问，而是唱起妈妈教给她的许多儿歌，一首接一首地唱着，像清风一样在阴沉的集中营中吹拂。她还不时爬上囚室的小窗，向外张望着，希望看到妈妈从远处走来。

奥斯维辛集中营中的“死亡墙”。该墙因党卫军当年在这里随意枪杀囚犯而得名。每当纪念日，人们都会到这里献上鲜花，凭吊亡灵。

小女孩没有等到妈妈回来，就在一天清晨，纳粹士兵用刺刀驱赶着，将她和数万名犹太人逼上了刑场。刑场上早就挖好了很大的深坑，他们将一起被活活埋葬在这里。人们沉默着，死亡是如此真实地逼近着每一个生命。面对死亡，人们在恐惧中发不出任何声音。

人们一个接一个地被纳粹士兵残酷地推下深坑，当一个纳粹士兵走到小女孩跟前，伸手要将她推进深坑中去的时候，小女孩睁大漂亮的眼睛对纳粹士兵说:“刽子手叔叔，请你把我埋得浅一点好吗？要不，等我妈妈来找我的时候，就找不到了。”纳粹士兵伸出的手僵在了那里，刑场上顿时响起一片抽泣声，接着是一阵愤怒的呼喊……

最后谁也没能逃出纳粹的魔掌。但小女孩纯真无邪的话语却撞痛了人们的心，让人们在死亡之前找回了人性的尊严和力量。

暴力真的能摧毁一切？不，在天真无邪的爱和人性面前，暴力让暴力者看到了自己的丑恶和渺小。刽子手们在这颗爱的童心面前颤抖着，因为他们也看到了自己的结局。

麦子点评

爱因斯坦曾经说过：“我不知道第三次世界大战使用什么武器，但我知道第四次会使用石头和棍棒。”暴力只能带来痛苦、伤害和恐惧，它无法解决任何问题。世界上不存在持久的胜利，如果有的话，那一定是和平。

最后的犹太人

李　黎

在纳粹政府统治下，先是纯种的犹太人被一批一批抓起来，送进集中营去。后来，混血的犹太人也在被捕之列。

这样的大搜捕，对纳粹政府的“盖世太保”们是极为繁重的工作。于是他们想到雇佣“线民”。

有这么一个犹太人，被选上担任“线民”。他的工作是每周报上城里10个犹太人的名字，工价是：他自己可以享受豁免。

开始的一段时候非常容易。他只需在街上闲逛，或者坐在酒馆里，就能像猎鹰般准确地看出隐藏自己身份的犹太人。

过了一阵子，城里的犹太人几乎抓光了，他便开始感到吃力。闲逛已经没有用了，他只得到城市比较偏僻的地区，去找寻藏匿起来的同胞。连这些人也捕风捉影似的找不到时，他只得开始诬陷。发色浓黑，鼻梁高大点的，即使没有证据证明是犹太裔，他也把人家的名字报上去——只好看那人的造化了。然而这也行不通。盖世太保发现他在胡乱凑数，非常愤怒，勒令他此后只准交上正确无误的犹太人，一星期10个。弄不出来的话……“别忘了，你是在跟盖世太保做交易。”他们提醒他。

于是，他每一刻钟都在冷汗和焦虑中度过。他度日如年，然而一天天飞快过去，眼看一星期的期限要到了，而他连一个名字都还没有。他走遍城里的大街小巷，最后走到郊外，仍是一无所获，却看见远处烟囱冒出一股股浓密的黑烟——那是集中营新建的大型焚尸炉在工作。

死亡这样逼近，使他对死亡的恐惧巨大得要发疯。他像困兽一般关在屋里团团转，喃喃道：10个名字，只要10个名字，就可以再活一个星期—— 一个星期，7天，168小时……

忽然，他充满血丝的眼睛发亮了！他坐下来，用兴奋得发抖的手，写下他的父亲、母亲、妻子、三个兄弟以及三个孩子的名字。写完，数一数，9个。

还差一个，他再苦苦思索，忽然快乐地想起：有了！他写下——那是他自己的名字。

小鱼点评

战争中有英雄也会有叛徒，叛徒出卖自己的良心与魔鬼交易，最后出卖的是自己！

莫斯科郊外的蜡烛

包利民

那是一个极黑极冷的夜晚，枪炮的轰鸣声渐渐地平静下来。上士克利特丢掉手中的枪，右手紧按住疼得钻心的左臂，望着黑暗中矗立着的莫斯科城发呆。

这是1941年的冬天，德军在苏联本土的战争进入艰难阶段。克利特和同伴们多次在莫斯科城外被击溃，挣扎在死亡边缘。周围是无边的黑暗与寂静，克利特收回目光，发现那些被炮火点燃的荒草和树木，不知何时已经熄灭。身边没有生命气息，处处都是同伴冰冷的尸体。

他讨厌这场战争，当初也是被迫当兵，此刻他万念俱灰，踉踉跄跄地向前走，毫无目的。不知走了多久，全身都已冻透，淌出的血也凝成了冰。就在他准备给自己一枪时，远处有一簇微微的火光一闪！他揉了揉眼睛，确实是有点火光！

他精神一振，奋力向那边走去。

原来是一片墓园，有座坟前，一支蜡烛正在静静地燃烧着。他快步上前，扑倒在蜡烛旁，烛光猛地摇曳了一下。他抬起脸来，那烛光映得心里暖暖的，令他想要落泪。这无边的黑暗吞噬不了一支蜡烛的微光，极度的冰冷冻结不住一支蜡烛的火焰。他的心猛烈地燃烧起来，重新充满希望与力量。他在烛光中仔细辨认着墓碑上的一行字：尼·科拉夫之墓，然后起身，大步向远处更深的黑暗走去。

20年之后，克利特已成为德国一家大公司的总裁，他常常回想起那荒唐的战争生涯，想起自己九死一生地逃回国内，想起莫斯科郊外的那支蜡烛！如果没有那支蜡烛，他的生命早就冻结在异国他乡的土地上，所以他一直牢记着那个名字，尼·科拉夫！

坚韧不拔的苏联人最终取得了第二次反法西斯战争的胜利，图为《胜利旗帜插到帝国国会大厦》。

究竟是怎样的一个人，为什么会有人于战乱的夜里在他坟前点燃蜡烛？带着诸多的疑问，他重又踏上了苏联的土地。

在一个周日，克利特遇见了送蜡烛的人，并得知了尼·科拉夫的故事。

尼·科拉夫是莫斯科城内的一个普通工人，在莫斯科最艰难凶险的日子里，德军的飞机经常来轰炸。于是一到夜里，几乎所有的房子里都不点灯，怕给敌机以轰炸的目标。可是，莫斯科并不是完全黑暗的，至少有一所房子里还亮着灯，那就是科拉夫的家。

终于，在一个夜晚，敌机扔下的一枚炸弹击中了科拉夫的房子，他也因此遇难，他的家那一夜燃烧成莫斯科最亮的地方。当他的事迹传遍全城，所有的人都被震动，每个夜里，千家万户都亮了起来，闪耀着蜡烛的光芒。科拉夫被人们葬在荒僻的东郊，而且常有人在夜里潜出城去，在他坟前点起一支蜡烛。

那些送蜡烛的人对克利特说："科拉夫的一支蜡烛，点亮了整个莫斯科，也点燃了所有苏联人的希望和信心！"

克利特说："不，他的蜡烛还点燃了一个德国士兵冰冷绝望的心，我相信，它终将点燃这个世界向往和平的心！"

克利特回国以后，将这个故事传播开来。从此以后每个夜晚，克利特都会在窗前点亮一支蜡烛，直到第二天黎明来到。

麦子点评

我特别喜欢看二战时的纪录片，我觉得俄罗斯这个民族拥有不逊色于中华民族的坚忍和顽强。就像这个故事中的微弱烛火，在无边的黑暗和寒冷的夜气，对抗着充满狰狞与恐怖的夜空。虽然只是一支蜡烛，却点亮了整个莫斯科，点燃了所有苏联人的希望和信心。

费希玛的金鱼

佚　名

在遥远的波斯尼亚，费希玛和两个儿子生活在一个小村落里，丈夫却远在异乡工作。有一年波斯尼亚战争爆发，战争不但让费希玛失去了丈夫，也失去了家园，她不得不带着孩子走上逃难之路。

在弃家而逃之际，费希玛仍没忘记一只鱼缸和两条金鱼，那是一次丈夫从外地回来，送给儿子的礼物。现在，它们不仅是已逝的丈夫对孩子的爱，更是两条活生生的生命啊。于是，她捧起金鱼缸从容地走向湖边将它们轻轻地放进蔚蓝的湖水里。

几年后，战火平息，费希玛和孩子们结束逃难返回家乡。家乡处处都是废墟，一切都从头做起，但他们在当年放生金鱼的湖边却看到湖面泛起片片金光，仔细一看，是一群活泼美丽的金鱼，跟他们当初放生的两条长得一模一样。原来是那两条金鱼繁殖的下一代。最值得庆幸的是，她的两个儿子还从当时放生金鱼的那片湖水中摸回了那个圆圆的金鱼缸。一切都仿佛与自己的亲人在乱世后重逢，他们是多么的高兴啊！

渐渐地，费希玛和她的金鱼的故事流传开来，人们纷纷前来观看，并顺便买两条回家送人。于是出售金鱼成为费希玛一家的致富之路，费希玛和她的孩子们终于摆脱了战乱和贫穷，过上了安宁殷实的生活。

当年，当费希玛捧着一缸金鱼走向湖边时，她未必知道自己播下的是生命的种子。然而，今天，这满湖的金光粼粼中每一片都是一枚美丽的果实。这就是善念的回报。

小鱼点评

这一缸金鱼代表了善良，也代表了希望。生命对于所有人来说都很珍贵，善待生命就是善待自己。

把敌人变成人

摩　罗

1944年冬天，两万德国战俘排成纵队，从莫斯科大街上穿过。所有的马路都挤满了人。苏军士兵和警察警戒在战俘和围观者之间。

围观者大部分是妇女。她们当中的每一个人都是战争的受害者，或者是父亲，或者是丈夫，或者是兄弟，或者是儿子，让德寇杀死了。妇女们怀着满腔仇恨，朝着大队俘虏即将走来的方向望着。当俘虏们出现时，妇女们把一双双勤劳的手攥成了拳头，士兵和警察们竭尽全力阻挡着她们，生怕她们控制不住自己的冲动。

《祖国——母亲在召唤！》这是二战期间苏联最有影响力的海报之一，它号召广大青壮年拿起武器，奔赴前线抗击德军的进攻。

这时，一位上了年纪的妇女，穿着一双战争年代的破旧的长筒靴。把手搭在一个警察肩上，要求让她走近俘虏。她到了俘虏身边，从怀里掏出一个用印花布方巾包裹的东西。里面是一块黑面包，她不好意思地把这块黑面包塞到了一个疲惫不堪的、两条腿勉强支撑得住的俘虏的衣袋里。

于是，整个气氛改变了。妇女们从四面八方一齐拥向俘虏，把面包、香烟等各种东西塞给这些战俘。

这是叶夫图申科在《提前撰写的自传》中的一则故事。叶夫图申科在故事的结尾写了这样两句话："这些人已经不是敌人了。这些人已经是人了……"

麦子点评

我挺佩服这些苏联的老百姓，尽管自己的家园被摧毁，自己的亲人被杀戮，他们并没有以其人之道还治其人之身。当这些德国人手持武器出现在战场时，他们是敌人；可当他们解除了武装出现在街道上时，他们是跟所有别的人，跟我们一样具有共同外形和共同人性的人。他们也有尊严，也有人性。

1000个水兵和一个婴儿的故事

佚　名

那是40多年前，凯恩是“克鲁兹”号航空母舰的舰长，那时已是战争的第4个年头，交战双方已签订停战协议，残酷的战争掏空了士兵们心中所有的热情和活力，他们一个个精疲力竭，闲时常常衣衫不整、胡子不刮，在舰上酗酒、赌博。作为舰长的凯恩很为他们痛心，是战争毁了他们的青春年华。

一天，凯恩接到了一家孤儿院负责人菲罗美娜修女的来信。修女在信中说有一件宝贝要送给凯恩，请他马上去一趟。凯恩收到信后便到孤儿院去了。

当凯恩随修女来到婴儿室外时，不禁怔住了，这个宝贝原来是个男婴。修女告诉他，两个月前，军队供给处一名医务员乔治在外面散步时，发现路边一团报纸里裹着一个非常瘦弱的婴儿。这个婴儿大概只有一个多月大，显然是个被美国兵抛弃的私生子。这个孩子便是那位医务员捡到后交给修女的。

“噢，真是个可爱的小宝贝！”凯恩伸手抱起孩子。

怀里的孩子确实使这位行伍出身的军人多年来遭受创伤的心灵得到了慰藉，战争使他至今孑然一身，每当他一人独坐时，便觉得心中空荡荡的。然而从他看到这个并不强健的小生命的第一眼起，他枯萎的心灵就被震颤了。

“舰长，您瞧孩子多可爱呀，可是我们的孤儿院缺衣少食，困难重重，这里的孩子长到10岁就得离开孤儿院自谋生路，何况这个婴儿如此孱弱，孤儿院无法养活他，”菲罗美娜恳求道，“您能不能收养这个孩子？”

凯恩当然求之不得，然而想到海军军舰上的纪律规定不允许非军事人员留舰，他有些犹豫了。“舰长，这毕竟是个小生命啊！”菲罗美娜再一次恳求。

是啊，孩子是无辜的，这都是战争欠下的孽债！自己作为一名参与了这场战争的军人，对此有不可推卸的责任。终于，他点点头。

凯恩将这个男婴抱回舰上，叮嘱舰上的士兵不要传扬出去。他给这瘦弱的男婴取名叫丹尼尔·凯恩。

丹尼尔的到来使舰上每个士兵都兴奋无比，他们一连几天都在为孩子偷偷地忙碌着。他们先在舰上腾出一间房子作为婴儿室，并用炮弹箱做成婴儿床和游戏围栏。围栏上挂满了炮弹壳做成的拨浪鼓、玩具什么的，把床单剪成布片做尿布……在士兵们心中，这个房间就像废墟上开了一朵小花，是他们心中最圣洁的地方。

凯恩惊奇地发现，自从丹尼尔来到舰上后，士兵们渐渐地变了。他们变得讲卫生起来，总是衣冠整齐，胡子刮净了，他们变得文雅了，说起话来彬彬有礼，他们干涸的眼里出现了光泽，他们嘴角常挂着微笑！

1953年11月初，凯恩接到了撤退回国的命令，这时他有些犯愁了，因为在国外出生的孩子要进入美国，必须要有护照和大使馆的签证。

1000名士兵着急了，他们决定联名写信请求领事馆批准。言辞恳切的信寄出后，1000颗心天天盼着回信。5天后的一个晚饭时分，领事馆终于来信了，回答是简短有力的“同意”。

1953年12月，“克鲁兹”号航空母舰载着凯恩舰长，1000名士兵和小丹尼尔终于返回美国。然而，当凯恩抱着丹尼迈出婴儿室准备下舰时，他又一次被眼前的景象愣住了：1000名士兵沿着船栏排成整整齐齐的两行，列队等候着他们。

凯恩抱着丹尼尔，每走过一个士兵，那位士兵便向他“刷”地敬个军礼。凯恩觉得脚很沉，路变得很长，他正从战争走向和平，他怀中的婴儿丹尼尔是他以及他的1000名士兵在这场战争中的唯一收获。他的眼睛湿润了……

丹尼尔1977年毕业于华盛顿州立大学，获得传播学学位。如今他已结婚成家，居住在华盛顿州的艾夫拉塔镇。

1996年9月16日，1000个老水兵准备在芝加哥重聚会一次，他们也邀请了凯恩和丹尼尔参加。

“我们的孩子来了！”聚会那天，那些白发苍苍的老水兵们终于迎来了一位英俊潇洒、身强力壮的年轻人。

聚会时，丹尼尔大声说道：“没有你们这些好心人，我就不会活在世界上，是你们给了我生命！”

“不！”突然，一个老人站了起来，“其实，我们应该感谢你，那时候，我们觉得前途灰暗，战争使我们除了打仗没有一技之长，我们怀疑即使和平后回到故乡我们也只能成为没有人需要的废人。然而是你让我们认识到自己的作用。试想，一个比我们孱弱几倍的婴儿都渴望生存的机会，我们怎么有权利拒绝生活给我们重新创造的机会呢！”

良久，席间响起了震耳欲聋的掌声，这掌声充满了生命的活力！

小鱼点评

尽管我们没有经历过战争，可是我们依然可以从故事里感受战争，感受和平的宝贵。

战争中的人会因为战争的残酷而扭曲、迷惘，同样也会因为人性的光辉重新充满活力。那些小得就像发生在口袋里的战争，那些没有在历史上留下任何痕迹的人们，同样需要我们铭记和回忆。

值不值

佚　名

在一次战斗中，当士兵吉姆看见自己的好伙伴在战场上倒下时，恐惧占据了他的心。他被困在战壕中，炮火连绵，子弹嗖嗖地从头顶飞过。他问中尉，自己能否到战壕之间的“无人区”去把他的伙伴救回来。

“你可以去，”中尉说，“但是我觉得不值得。你的朋友大概已经牺牲了，而且你自己可能也会送命。”中尉的话并没有影响吉姆，他还是去了。

吉姆奇迹般地安全到达朋友的身边，把朋友背回战壕。

在战壕里，军官检查了受伤的吉姆，看着吉姆已经牺牲了的朋友，说："我告诉过你，这不值得。你的朋友牺牲了，而你也受了致命伤。"

"尽管如此，长官，这是值得的。"吉姆说。

"什么意思，值得？"中尉说，"你的朋友已经牺牲了！"

"是的，长官，"吉姆回答，"这是值得的，因为当我找到他时，他还活着，他说：'吉姆，我知道你会来的。'听到他这么说我很满足。您说这不值得吗，长官？"

麦子点评

虽然我是个军事迷，我也并不了解战争，我身边的很多同学，就更不愿意了解战争了，战争对我们来说，太遥不可及了。可是在那些战争故事中，总有那么一些人和事会触动我们，就像这个故事里说的那样：生命是无价的，本来就不能像商品那样衡量它的价值。

天堂里寄来的圣诞5美元

〔美〕玛丽·希尔曼

那是1944年，对我们家来说，战争似乎永远不会结束。

那一年的圣诞节，我们都很恐惧。哥哥鲍伯的阵亡电报是8月份到的，随后，他的几件私人物品、一面曾经掩盖过他的遗体的旗子、他在菲律宾岛上坟墓的位置图以及一枚飞行荣誉十字勋章接踵而至，这使我们内心的悲痛不断加深。

因为生长于中西部广袤无垠的大草原，鲍伯每天都骑马上学。自从他第一次看见飞机，他就梦想着有朝一日能够驾驶飞机飞上美丽的蓝天。第二次世界大战爆发的时候，鲍伯去最近的空军基地应征。

由于继承了父亲修长精瘦的身材，鲍伯的体重比体检要求低了10磅。他并没有就此放弃，说服母亲为他做她能想出来的每一样能够增肥的食物。他不仅饭前吃，吃饭的时候吃，在饭后也吃。我们都笑他，把他叫做“肥腊肉”。

在海军军官学校的办公室里，鲍伯站在体重计上，结果仍差了3磅，他很绝望。他的朋友一个接一个离开了：他最亲密的伙伴也已经加入了海上空军军团。

第二天早上，鲍伯吃下整整一磅肥腻腻的熏肉，6个鸡蛋和5只香蕉，另外还喝了2加仑的牛奶。他胀得像头猪。当他摇摇晃晃地站到体重计上时，他看到体重计的指针比要求超出了8盎司。

鲍伯被帕斯科的训练学校评为出色的舵手。后来，他偶然加入了加州圣玛丽的“毛虫俱乐部”（意思是引擎出故障时紧急救援），我们听说后都摇着头表示担心。母亲整天为鲍伯祈祷，她知道他天生是个不知害怕的人。毕业之前，鲍伯申请转到位于佛罗里达州的海上空军军团去，在他出海之前接受了鱼雷轰炸训练。

他们说鲍伯是被头顶上的一架从新几内亚飞过去的敌机射中身亡的，而鲍伯自己曾经是那么希望能够飞行。

我从没为鲍伯哭泣过。我在内心深处为温文尔雅的大哥勾画了一幅震颤着机翼穿过重重云层的图画。在我的图画里，他正在做他最想做的事，他那碧蓝的眼睛里闪耀着热爱生活的光芒。但是，为了那从没有在我父母的眼睛里消失过的悲伤，我不知哭泣过多少回。

母亲用信念一直支撑着自己，但是我的父亲却日渐衰老。每次牧师来的时候，父亲都很有礼貌地听他讲道，我们知道父亲内心很痛苦。父亲强迫自己每天工作，却对一切都失去了兴趣，包括他以前最爱参加的共济会会员俱乐部活动。父亲曾经非常想要一枚共济会会员的戒指，在母亲的坚持下，他开始攒钱。鲍伯死后，这件事当然也停止了。

我对即将到来的圣诞节感到恐惧。以前鲍伯很爱过圣诞节，他的热情常常能够感染我们，使我们在节日到来之前很早就兴奋不已。他给我们的意外惊喜是带有传奇色彩的：一个儿童玩具室，小兄长送给妹妹的一只藏在秘密地方的小动物，用自己生平第一次挣来的钱给妈妈买一件价格不菲的衣服……

没有了鲍伯，圣诞节还有什么意思呢？一点趣味也没有。姑妈、叔叔和祖母都来了，但是每一件事物都能引起我们对鲍伯的回忆，我们的心不在这里。父亲静静地一坐就是很长时间，独自沉默地注视着窗外。母亲的心则由于担忧变得越发沉重……

12月23日，又一只官方包裹寄来了。我父亲板着脸看着母亲打开包裹，里面是鲍伯的一套蓝色军服。

“过了这么久，为什么，噢，为什么，看在上帝的分上，他们为什么还要寄来他的军服呢?”我痛苦地想。

当母亲准备把军服重新叠好收起来的时候，本能使她习惯性地摸了摸他的口袋，心被悲伤压抑得像针扎似的痛。在他上衣的一个小小的口袋里，母亲摸到了一张折叠得整整齐齐、干干净净的5美元钞票，另外还有一张小字条，字条上有母亲极为熟悉的鲍伯的笔迹:“给爸爸买共济会会员戒指。”

即使我活到100岁，也绝不会忘记当时我父亲脸上的表情。那是某种美丽的转变：有惊奇、有喜悦，但更多的却是心灵的平静。噢，这就是爱的威力！他呆呆地站在那里，盯着字条，他手里那张叠得整整齐齐、干干净净的5美元钞票似乎是一件不朽的圣物。然后，他走到悬挂在墙上的鲍伯的画像前，庄严地致了个礼。

“圣诞节快乐，儿子。”他低声祈祷，一滴大大的泪珠悄悄地滑落下来。

小鱼点评

在和平年代中，儿子埋葬父母；但是在战争中，父母埋葬儿子，这是一件多么可怕的事儿。战争中的每一个人，都以他们自己的方式生存着，即使被破坏、被扭曲，只要有人还记得他们给予的温暖，这个世界就不会变得冷酷。

完美的错误

佚　名

我的外祖父是一名木匠。有一天，他正在赶着做一批板条箱，那是教堂用来装衣服运到中国去救助孤儿的。干完活回家的路上，外祖父伸手到他的衬衫口袋里去摸他的眼镜，突然发现眼镜不见了。他在脑子里把他这一天做过的事情重放了一遍，然后他意识到发生了什么：在他不注意的时候，眼镜从衬衫的口袋里滑出去，掉进了其中一只他正在钉钉子的板条箱里。他的崭新的眼镜就这样漂洋过海去了中国。

1945年，当时美国正值大萧条时期，外祖父要养活6个孩子，生活非常困难。而那副眼镜，是那天早上他刚花了20美元买来的。他为要重新买一副眼镜烦恼不堪。“这不公平，”在回家途中，他沮丧地嘀咕道，“上帝啊，我一向对你忠诚，把我的时间和金钱都奉献给你，可是现在，你看……”

半年后，抗日战争胜利，中国那所孤儿院的院长——一位美国传教士，回美国休假。在一个星期天，他来到了外祖父所在的这所芝加哥的小教堂。他一开始便热忱地感谢了那些援助过孤儿的人们。“但最重要的是，”他说，“我必须感谢去年你们送给我的那副眼镜。大家知道，日本人扫荡了孤儿院，毁坏了所有东西，包括我的眼镜。我当时已经绝望了。就算我有钱，在当时也没有办法重新配一副眼镜。由于眼睛看不清楚，我开始天天头疼，我和我的同事天天祈祷着能有一副眼镜出现。然后，你们的箱子就运到了。当我的同事打开箱盖时，他们发现一副眼镜躺在那些衣服上。”

院长停顿了许久，好让自己的话音降低一些。然后，他继续道：“各位乡亲，当我戴上那副眼镜时，我发现它就像是为我度身定做的一样！我的世界顿时清晰，头也不疼了。我要感谢你们，是你们为我做了这一切！”

人们听着，纷纷为这副奇迹般的眼镜而欢呼。但是他们同时也在想，这位院长肯定是搞错了，我们可没有送过他眼镜啊。在当初的援助物资目录上，没有眼镜这一项。

只有一个人清楚这是怎么回事。他静静地站在后排，眼泪流到了脸上。在所有的人当中，只有这个平凡的木匠知道，上帝是以怎样一种不平凡的方式创造了奇迹。

麦子点评

有些奇迹仿佛用常理难以解释，于是我们宁愿相信，冥冥之中，有位万能的上帝在用悲悯的目光注视着我们，并给善良的人们安排着一些奇迹般的小插曲。有一份爱心，有一份信心，总会有奇迹发生的。

感受暗夜里的阳光

亲情，就像融融的烛光，在暗夜里温暖你的心。暖暖的亲情，会让你的心在下一个瞬间被挤满，即使身在天涯，心也会相遇。

上帝创造母亲时

〔美〕爱玛·本贝克

仁慈的上帝一直在为创造母亲而加班工作着。

在进入第6天时，天使来到上帝面前，提醒他说：“您在这上面已经花费了许多不必要的时间啦。”

上帝对天使说：“你看过有关这份订货的技术要求吗？她必须能够经受任何荡涤，但不是塑料制品；有180个活动零件，可以任意更换；靠不加奶和糖的浓咖啡及残羹剩饭运行；具有站立起来就不会弯曲的膝部关节；拥有一种能够迅速医治创伤和疾病的亲吻，从骨折到失恋都能治愈；此外，她必须有6双手……”

天使缓缓地摇了摇头说：“6双手……这怎么可能？”

“令我感到困难的却不是这些手，”上帝回答说，“而是她所必须具有的那3双眼睛。”

“可是，”天使说，“订货单上没提出这个标准……”

“母与子”的石雕。

“是的，可她需要，”上帝点了点头说，“她需要一双能透过紧闭的房门洞察一切的眼睛，然后她才可以胸有成竹地问：‘孩子们，你们在里面干什么？’另一双眼睛将长在她的后脑勺上，用来专门看她不该看到而又必须了解的事情。当然，在前额下面她也有一双眼睛，当孩子们有了过失或麻烦时，这双眼睛能够看着他，而不必开口，就能够明确地表达出‘我理解你并且爱你’的意思。”

“这太难了，”天使劝道，“上帝啊，您该歇歇了，明天……”

“不行！”上帝打断了天使的话，“我感到我正在创造一件十分接近我自己的造物。你看，眼前的这件母亲模型，已经能够在患病时自我痊愈，能够用一磅汉堡包满足一家6口人的胃口，能把一个9岁的男孩弄到莲蓬头下淋浴……”

天使绕着母亲模型细细地看了一遍，不由得赞叹道：“她太柔和了！”

“但很坚强！”上帝激动地说，“你根本想象不出她有多么能干，也根本想象不出她有多大的忍耐力！”

“她会思考吗？”

“当然！”上帝说，“她还会说理，商量，妥协……”

这时，天使用手摸了摸母亲模型的脸颊，忽然说道：“这里有一个地方渗漏了。我早就说过，您赋予她的东西太多了，您不能忽略她的承受力嘛！”

上帝上前去仔细看了看，然后用手指轻轻地蘸起了那滴闪闪发光的水珠。

“这不是渗漏。”上帝说，“这是一滴眼泪。”

“眼泪？”天使问，“那有什么用？”

“它能表示欢乐、悲哀、失望、怜爱、痛苦、孤独、自豪……”上帝说。

“您真行！”天使赞道。

上帝的脸上露出了忧郁。“不，”他说，“我并没有赋予她这么多功能。”

小鱼点评

“上帝不能亲自到每家，于是他创造了母亲。”这是我至今听到过的所有赞美妈妈的言辞中最美好、最动听的话。我们总是任性地排斥妈妈爱的方式，将其当成是一种束缚，一心想着逃离妈妈的身边，去找一个更自由的空间，去做一个最想做的自己。对我们来说，妈妈有时候就像一个陌生人。即使是这样，妈妈依然用一种目光关怀着我们，哪怕我们走得再远，一直追随着我们。

其实，妈妈承受着比我们想象的要大得多的负担，你可以不知道妈妈的生日，但是一定不要让妈妈流泪。

英格丽老师的奖杯

侯拥华

卡尔是个黑人孩子，13岁那年，母亲倾其所有，让他在小镇这所私立中学上学，而她则为了给儿子凑够继续学习的学费和生活费，开始四处奔波找活儿干。

然而，母亲万万没有想到，在新的学校里，他处处受到其他孩子的歧视，变得厌恶学校，他几乎天天要和那些歧视他捉弄他的白人孩子打架，还学会了逃课，以及吸烟、喝酒和偷盗。当所有人都认为卡尔将无可救药时，事情却开始出现了转机。

一天清晨，英格丽老师当着所有孩子的面说，如果谁能一天只打一次架，老师将给他颁发一座奖杯。大家听了都笑了起来，认为这是个可笑的奖励，甚至是带点羞辱的奖励。然而，卡尔并没有笑，听后，他愣了一下。当大家都不屑一顾的时候，卡尔却认真地思考着。

那一天，卡尔开始学着规规矩矩地坐在教室里学习，尽量约束自己不和别的孩子说话，其中几次，几个白人孩子的挑衅，他都想发怒，只有一次他没有控制住自己。那一整天，破天荒，他只打了一次架。放学的时候，英格丽老师第一次用和蔼的口气对他说：祝贺你，卡尔！今天，这个奖杯属于你。祝你好运！卡尔听后，有点脸红，可还是开心地笑了。那一天，他第一次高兴地把奖杯拿在手里，向同伴们炫耀，向母亲炫耀。

第二天，英格丽老师在课堂上公开表扬了卡尔，这让卡尔第一次感到有种头晕目眩难以言说的幸福。在放学的时候，英格丽老师把卡尔独自留在教室里。英格丽老师和卡尔在商讨一个秘密的奇特的约定：如果卡尔一天不打架，英格丽老师就给他颁发一个奖杯，直到他毕业。卡尔在心中盘算着，这次英格丽老师一定亏大了。

如卡尔所想的那样，卡尔几乎每天都能带回家一个大奖杯，而每次拿走奖杯的时候，英格丽老师都会表现出一副极不情愿的样子。从此，卡尔几乎不再打架了，学习也变得好了起来。

随着奖杯的增多，家里窄小的房间开始放不下了。这时，卡尔对母亲说，我们把这些奖杯变卖一些，换成生活用品吧。母亲听了坚决地说不。母亲说，这些是英格丽老师对你的肯定，你应该好好珍藏它们每一个才对。卡尔点了点头，只是为这些日益增多的奖杯如何安放发愁。

此后，卡尔依旧每天都带回来一个奖杯，这让母亲格外的高兴。可后来，母亲发现卡尔不再将奖杯带回家了。母亲不高兴地问他，是不是最近又打架了？卡尔笑了，说没有。那是不是英格丽老师不再发奖杯了？卡尔说，也不。母亲有些焦急与不解，那是怎么回事？卡尔坏笑着说，那是因为我把那些颁发给我的奖杯又奖励给了别的表现好的同学了。这时，母亲才转忧为喜。

卡尔开始成为学校里最受欢迎的学生。许多不求上进的孩子，也开始像卡尔那样逐渐变得好起来。整个学校都洋溢着上进的氛围。大家都对卡尔赞不绝口。

后来，卡尔以优异的成绩毕业，就在卡尔将要离开学校的时候，英格丽老师带领所有的学生来欢送他。

那天，英格丽老师对大家说，今天，有一个礼物想送你们。所有的学生，包括卡尔在内，都兴奋不已。

英格丽老师带领大家走出学校，来到小镇的一个小工厂。参观过工厂的产品陈列室后，大家才明白，那是一家专门生产各种奖杯的工厂。英格丽老师带着孩子们站在外面，指着工作间里一位背对着他们正在做工的中年妇女，对孩子们讲：从前，有一位母亲，为了自己的孩子能够出人头地，她带他离开家乡，把他送到一个小镇最好的一所中学学习。为了维持家里巨额的开销，她不得不每天干三四份工作，直到夜里很晚才能休息。可她的儿子并不知道这些，也不体谅她的辛苦，他每天在学校打架、逃课，无恶不作。母亲为了激励她的儿子改掉恶习，每天又增加了一份工作，就是到这家工厂打工。而她每天唯一的报酬，就是从工厂里带回一个奖杯，让老师奖励给她的儿子。

说到这里的时候，所有的孩子都开始对这位母亲肃然起敬。英格丽老师转身，用最为温和的目光盯着卡尔，而卡尔早已泪流满面。

英格丽老师对孩子们说：孩子们，记住，母亲不会忘记你们的努力，而你们的努力才是回馈给母亲最好的奖杯！

麦子点评

为儿子工作，唯一的报酬只是一个奖杯，这听起来太不可思议了。可是，我愿意相信这个故事，相信那些奖杯里藏着的亲情。

走得再远，我们也走不出妈妈关怀的目光，那份期待总会让我感到惶恐，所以我会毫不犹豫地向前，即使跌倒，依然执著。

一元钱一个奇迹

佚　名

弟弟迈克躺在婴儿床里不停地哭，姐姐朱莉亚站在旁边呆呆地看着。爸爸妈妈告诉朱莉亚迈克病得很重，但朱莉亚却不清楚迈克到底出了什么事。朱莉亚只知道弟弟不高兴，他总是在哭。

朱莉亚轻轻抚摸着弟弟的小脸，细声细语地说：“迈克，别哭了。”迈克仍然还在哭，但眼睛却盯着姐姐看，里面闪着泪花。

朱莉亚牵起迈克的小手，迈克满是汗水的手求救般地抓住了朱莉亚的一根手指。这时，朱莉亚听到父母在隔壁房间里说话。朱莉亚虽然只有6岁，却知道大人们压低声音说话往往是在讨论重大事情。朱莉亚很好奇，她亲了亲弟弟，踮起脚尖慢慢地走到门边。

“动手术太贵了，我们承担不起。”这是父亲的声音。母亲回答：“老天保佑，现在只能靠奇迹来救迈克了。”

朱莉亚感到疑惑：“奇迹是什么？他们为什么不去弄一个来？”

朱莉亚想了一会儿后跑进自己的房间，从存钱罐里倒出了唯一的一枚一块钱的硬币。她要用这一块钱给弟弟买一个奇迹。

朱莉亚跑进街对面的超市，在收银台前把那枚攥得热乎乎的硬币递给了收银员。收银员弯下腰微笑着问道：“小妹妹，你要买什么？”

“我要买个奇迹。”

“对不起，你要买什么？”

“我弟弟迈克病得很重，我……我要买个奇迹。”

收银员一头雾水，对周围的人说：“谁能帮助这个小孩？我们没卖过什么奇迹啊！”

一个穿着体面的先生问：“你弟弟需要什么样的奇迹？”

“我不知道，爸爸妈妈说迈克病得很重，如果不动手术，就只有奇迹能救他了。”

穿着体面的先生弯下身，拉着朱莉亚的小手说：“你有多少钱？”

朱莉亚说：“一块钱。”

先生把一块钱拿到手中说：“我想现在一个奇迹大约就是这个价钱，我们去看看你弟弟，也许我有你需要的那个奇迹。”

几个月后的一天，正当朱莉亚和已经能站在婴儿床上的迈克高高兴兴地玩耍时，她的父母则正在和那位穿着体面的先生交谈，那位先生是著名的神经外科医生。

朱莉亚的妈妈说：“大夫，您说的那位不愿意透露姓名的善良人士，为我儿子付手术费一定花了不少钱吧？”那位先生点了点头。朱莉亚的妈妈说：“你一定要把医疗费账单给我，这笔钱我会还的。”大夫说：“好的，我很快就寄给你。”

几天后，朱莉亚一家收到了大夫寄来的信，里面是一张收费凭证单，单上是这样写的：“全部医疗费我已收下—— 一块钱和一个小女孩的一颗爱心。”

小鱼点评

朱莉亚是一个幸运的女孩子，她得到了好心人的帮助，但这一切有一个前提，就是朱莉亚相信奇迹能够发生——因为爱。

能够拥有爱是一种幸福，而有能力帮助别人是一种最大的幸福。这就像在做一件伟大的事情，我在帮助许多我并不认识的人。我相信，懂得去爱这个世界，懂得去关爱别人，这个世界将变得越来越温馨。

亲情不是重量

桑　地

一位印度教徒步行到喜马拉雅山的圣庙去朝圣。路途非常遥远，山路非常难行，空气非常稀薄，他虽然携带很少的行李，但一路走来，还是举步维艰，气喘如牛。他走走停停，不断往前遥望，希望目的地赶快出现在眼前。

就在他的前方，他看到一个小女孩。她的年纪不会超过10岁，背着一个胖嘟嘟的小孩，也正缓慢地向前移动。

她气喘得很厉害，还一直在流汗，可是她的双手还是紧紧呵护着背上的小孩。

印度教徒经过小女孩的身边，很同情地对小女孩说："我的孩子，你一定很疲倦，你背的那么重！"

小女孩听了很不高兴地说："你背的是一个重量，但我背的不是，那是我弟弟。"

麦子点评

爱是湿润心灵的清泉，它能带给我们一种无言而温暖的感觉。爱，并不是重量，我们从身边一些不起眼的小事中，也能感受到爱的巨大力量。想想爸爸妈妈的叮咛、嘱咐和关心，不也是一些"幸福的唠叨"吗？

怜悯可以走多远

陆勇强

一个孩子，在学校时的功课差极了，老师说他的智力有问题。看上去，孩子的确有些沉默寡言，他可以一个人坐在屋前的花园里看着花草小虫很长时间。他的父亲教训他："除了打猎、养狗、捉老鼠以外，你什么都不操心，将来会有辱你自己，也会有辱你的整个家庭。"

他的姐妹也看不起这个学习成绩很差、行为怪异的兄弟。他在家庭中是一个不受欢迎的人。

但是他的母亲怜悯他，她想如果孩子没有那些乐趣，不知道他的生活还会有什么色彩。她对丈夫说："你这样对他不公平，让他慢慢学会改变吧。"

丈夫说："你这是怜悯，不是教育，你会毁了他的一生。"但她却固执己见，他是她的孩子，需要她的安慰和鼓励。

1816年，7岁的查尔斯·达尔文和6岁妹妹凯瑟琳的画像。看到这个可爱的小男孩，是否很难和满嘴络腮胡的严肃的达尔文联系在一起呢？

她支持孩子到花园中去，还让孩子的姐姐也去。母亲耍了一个小心机，她对孩子和他的姐姐说：“比一下吧，孩子，看谁从花瓣上先认出这是什么花？”这个孩子要比他的姐姐认得快，于是她就吻他一下。这对孩子来说，是多么令人兴奋的一件事，他回答出了姐姐无法回答的问题。他开始整天研究花园的植物、蝴蝶，甚至观察到了蝴蝶翅膀上的斑点的数量。

对于她的做法，她的丈夫觉得不可理喻。那种怜悯是无助无望的，除了暂时麻醉孩子之外，根本毫无益处。但是，就是这位醉心于花草之中的孩子，多年后成为了生物学家，创立了著名的“进化论”。

他，就是达尔文。

麦子点评

每一个孩子都是一个天使，上帝派一个孩子到世上来时，都交给他一项独特的使命。这项使命是神秘的，很多人终生都未能知晓使命的内容，更别提完成它了。而爸爸妈妈的重要责任之一，就是帮助孩子找到他们自己的使命，并树立完成的信心。仔细想想，其实我们也和田野上的花儿一样，有着自己独特的个性。

鲍勃的礼物

〔美〕理查德·福特

鲍勃站在后院的雪地里，感觉越来越冷了。鲍勃没有穿靴子，他不喜欢穿，也没有靴子穿。他穿的薄运动鞋有几个窟窿，无法抵挡严寒。

鲍勃已经在后院待了大约一小时了。尽管他左思右想，但他拿不定主意给母亲买什么圣诞礼物。他一边想，一边摇头："这没用，即使我想起来送什么，我也没钱买呀。"

自从3年前他的父亲去世以来，一家5口人就苦苦挣扎着。不是因为他的母亲不关心，也不是因为没有尽力，只是她的工资好像总不够用。她在医院上夜班，她赚的那点微薄工资仅仅能维持生活。

尽管家里缺钱少物，但他们相亲相爱、团结和睦。鲍勃有两个姐姐和一个妹妹，母亲不在家时，她们就管理家务。

姐妹们都已经为母亲准备好了漂亮的礼物。现在已是平安夜了，鲍勃还是两手空空。

鲍勃擦去眼角的一滴泪水，踢着地上的雪，朝街上的一排排商店走去。

鲍勃走过了一家家商店，从每个装饰一新的窗户往里看，里面的东西好像是那样漂亮、那样遥不可及。天渐渐黑了，鲍勃只得转身往回走。突然，他看到了路边的一个东西在夕阳映照下闪闪发光。他伸手拿起来，发现那是一枚亮晶晶的一角硬币。

他手里握着新发现的宝贝，一股暖流涌遍了全身。他走进了自己看到的第一家商店。当一个个店员都告诉他一角钱什么也买不到时，他的兴奋感顿时冷了下来。

他走进了一家鲜花店，排队等候买花。店主问他买什么，鲍勃拿出了那枚硬币，问店主，他能不能买一枝鲜花，送给他母亲作为圣诞节礼物。店主看了看鲍勃和他那枚硬币，然后拍了拍他的肩膀说：“你就在这里等一会儿，我看看能不能帮上你的忙。”

鲍勃一边等，一边看着商店里那些美丽的鲜花，即使他是个男孩，也能明白母亲和女孩们为什么喜欢鲜花。

最后一位顾客离开时，商店关门的声音使鲍勃醒过神来。店里只剩下鲍勃一个人了，他开始感到孤独和害怕。

突然，店主走了出来，站到柜台前。鲍勃眼前出现了12朵长茎红玫瑰，所有这些花用一只银色大蝴蝶结束在一起。店主将这束花轻轻地放进了一个白色长盒里时，鲍勃的心沉了下来。

“小伙子，这束花一角钱。”店主一边说，一边伸手去拿那一角硬币。鲍勃慢慢地把钱递给了那个人。这会是真的吗？没有人愿意用一件东西换一角硬币呀？感觉到鲍勃勉为其难的样子，店主补充说：“我刚好有一角钱一打的玫瑰要卖。你想买吗？”

这次，鲍勃不再犹豫了。当店主把长盒放到他手里时，他才明白这是真的。鲍勃向门外走去，店主为他打开门。

他听到店主说：“圣诞快乐，孩子。”

店主返回店里时，他的妻子走了出来。“你刚才和谁在说话？你扎好的那束玫瑰在哪里？”

店主望着窗外，回答说：“今天早上我遇到了一件怪事。我收拾好东西要开门时，我想我听到了有个声音在对我说，扎12朵最好的玫瑰作为一件特殊的礼物。

“当时我拿不准我是不是神经错乱什么的，但我还是这样做了。后来，也就是几分钟前，一个小男孩走进了店里，要拿微不足道的一角钱给他母亲买一朵花。

“我看着他，就像看到了多年前的自己。当时，我是个穷孩子，没有钱给母亲买一件圣诞礼物。我根本不认识的一个留有胡子的男子在街上拦住了我，告诉我他要给我10美元。

“我今晚看到那个小男孩时，明白了早上那是谁的声音了。于是，我就扎了12朵最好的玫瑰。”

店主和妻子紧紧地拥抱在了一起。他们走出鲜花店，走入凛冽的寒风中时，不知何故，一点也不感觉到冷。

小鱼点评

鲍勃得到了好心人的帮助，他给母亲买了礼物，也许因此而度过一个快乐的圣诞节。那么第二年、第三年呢？如果他们依旧贫穷，是否还会再有人伸出援手。一次施舍，一次帮助，只能缓解暂时的痛苦。除了自己，没有人可以真正改变我们的生活。

格特小姐

〔美〕约翰·H·约翰逊

我的母亲是黑人，大家都叫她“格特小姐”。她身材矮小，笑口常开，意志坚强，走路时昂头挺胸，既端正也庄重。她历经苦难、挫折和恐惧，培养出饱经风霜、不惧怕未来的人才有的特殊气质。母亲还是个注重纪律的人，会使用藤鞭让我记住她的教诲。

我们没钱，但也没叫穷——这是很重要的区别。我从没有挨过饿，冬天有暖气，夏天就用那个残旧的制冰淇淋器自己做冰淇淋。虽然如此，在整个童年时期我都生活在满是尘土、血汗和痛苦的环境里。我一直希望能有较好的生活。

那时阿肯色城的高中不收黑人学生，但母亲的梦想是把儿子带到他能接受像样教育的地方，有机会出人头地。有几百万黑人为了让子女入学迁徙北方。只要我们能够储到买火车票的钱，就随时可以加入那些人的行列。对我们而言，那是很大的一笔钱。

母亲像中了邪似的工作，但在开学以前我们不可能攒到足够的旅费去芝加哥。就在这个低潮时刻，她告诉我一个令我惊讶的消息，为了我的未来能更好，她要我重读八年级——有必要重读多少次就重读多少次，直到我们储够钱去芝加哥为止。

大家都嘲笑我们，邻居对母亲说，为一个肯定永远不会有什么出息的男孩儿如此日夜辛劳，简直是愚蠢。我母亲什么话都没说，只是不停地工作和存钱。她说:“在这场比赛中，只要我们敢于自信能得胜，也有气力去跑，我们胜利是必然的。”

在那一年里，母亲的决心从没动摇，1933年7月，我们的积蓄加进了最后一枚饱染痛苦和汗水的钱币时，她转过脸去遥望北方和自由。继父尽力劝我们留在阿肯色城，警告我们去芝加哥等于在跳火坑，又说到了冬天我们就会在寒冷的芝加哥街头失业者行列里活活冻死。我知道母亲深爱我继父，因此我相信这是她一生中最勇敢的行动之一：丢下挚爱的丈夫，带着我踏上征途前往陌生的都市。也许她的心思已碎，但我们登上火车时，她没有丝毫犹豫。她爱我继父，但更爱自由和教育。

到了芝加哥，母亲找到一份佣工。一年后，我继父也来了。我进了杜沙博高中，以优异的成绩毕业。到了1942年，我计划出版我的第一份杂志《黑人文摘》。还有最后一道障碍：我需要大约500美元投资。贷款公司愿意借给我这笔钱，可是我必须拿些有形资产作担保。

我请求母亲分期付款买了些新家具用做担保，和她朝夕与共那么多年，这是我第一次看见她犹豫不决。连续将近一个星期，母亲天天祈祷，最后她说：

“我猜想上帝希望我这样做。”

到1943年,《黑人文摘》已是畅销刊物，使我有能力做我已经梦想多年的事。我请母亲退休，那天我告诉她要把她的名字列入我私人的薪水名册时，她哭了，我也哭了。那种重负尽释的感觉，那种成就感——在此之前我从没有过，而那之后也没有过。

从1918年到她去世的那天，足足59年，我们几乎每天见面或者用电话交谈。无论我身在什么地方，我每天至少给她打一次电话。

每当遇到困难，我都会打电话给母亲，而她总会说:“你应付得了的。”

在那个也许是我有生以来最艰难的星期里，有一天我对她说:“妈，你知道吗，这一次看来我要失败了。”

“儿子,”她说，“你尽了全力吗?”

“尽了!”

“使出一切力量?”

“使出了!”

“那就是说,”她下结论，“只要你已尽力，便是成功了。没有尽力去做的才是失败。”

她是个坚强的女人，身心都是。我每一天都要想起她，然后得到鼓励和支持。

麦子点评

父母是我们坚实的后盾，他们的一举一动都影响着我们。故事里的格特小姐就是这样，她用自己的行动告诉我们：只要努力了，不管输赢，你的人生都很精彩。

罗本的秘密

〔美〕加吉·潘特

商店橱窗里的那样东西让12岁的罗本怦然心动。只是这样东西要200卢比。

200卢比差不多是他一家人一周的生活费呢。

罗本知道他不能向爸爸要这笔钱。爸爸靠捕鱼养活全家，挣钱非常不易。妈妈为了让全家有衣穿、有饭吃，恨不得把爸爸挣的每一个卢比都当两个卢比用。

他走进商店，对店主说：“我的钱暂时不够，你能不能将这样东西为我留一段时间呢？”

“行，”店主笑了，“这一带的人一般不会花这么多钱买这样的东西。我想我可以为你留一段时间。”

罗本礼貌地道了谢，然后走出商店。和煦的风轻抚着他的脸，他感到神清气爽。他决定积攒200卢比。不过，这是一个秘密，他不想对任何人说。

一阵铁锤的击打声从街对面传进他的耳朵。他有了一个主意。

他朝声音发出的地方走去。这是一个建筑工地，工地上经常有废弃的粗麻袋。而罗本知道生产钉子的工厂回收这些麻袋，四只麻袋可以换一个卢比呢。

这一天，罗本捡到了四只麻袋。他把麻袋送到了两公里远的生产钉子的工厂，换到了一个卢比。他高兴地捏着这个卢比，哼着歌回家了。

他把一卢比放进了一只空罐头盒里，然后爬上阁楼，藏好。

现在已经是晚饭时间了。爸爸还在餐桌边整理渔网，妈妈正往桌上端饭菜。

罗本在自己的位置上坐好。他笑眯眯地看着妈妈。夕阳的余晖穿过窗户照在妈妈的身上。她脸庞清秀，慈眉善目，但大概是过度操心的缘故，两个眼角已刻出了深深的鱼尾纹。她是一家人的中心，像胶水一样将一家人黏合在一起。妈妈勤劳能干，缝衣、烧饭、种菜、挤羊奶，从早忙到晚。尽管很累，但她却总是显得很幸福。她生活的目标就是让一家人在有限的条件下过得尽可能的好。由于她精打细算，勤俭持家，他们的日子过得还算不错。

就这样，罗本每天放学后都到各个工地上捡麻袋。虽然他还要帮着家里锄草、劈柴、担水，做许多家务活儿，但他还是悄悄地继续着这件秘密的事情。

终于，在春意盎然的一天，罗本感到他秘密的计划就要实现了。他爬上了阁楼，从干草堆下面找出罐头盒，把所有的钱都倒了出来，开始数了起来。还差一个卢比。他必须在天黑前再找到四只麻袋卖掉。

当他终于捡到四只麻袋匆忙赶到那家工厂时，负责回收麻袋的师傅正在锁门。

“师傅，等一等，请不要关门。”他喊道。

“明天再来吧，孩子。”

“求求你，师傅，我今天必须把这些麻袋卖掉。”

师傅听出了他声音中明显的哭腔。

“孩子，你为什么急着要这一个卢比呢?”

“这是一个秘密。”

师傅接过麻袋，然后从口袋里掏出一个卢比交给罗本。罗本说了一声谢谢，一溜烟儿地跑回了家。他找出罐头盒后，就往商店奔去。

看看这个替爸爸买啤酒的小男孩，他像是完成了一项光荣而艰巨的任务，多么的踌躇满志。

“我有钱了。”他庄重地对店主说。

店主走向橱窗，将罗本的宝贝取了出来。他用棕色的彩纸将它包装好，交到了罗本的手上。

罗本蹦蹦跳跳地跑进了家，推开门，大声对正在擦桌子的妈妈说：“妈妈，你看！”然后将这个小包裹塞进妈妈粗糙的手里。

妈妈小心翼翼地将包裹拆开。里面是一个蓝色的珠宝盒。她打开盒盖，泪水立即模糊了她的眼睛。

盒子里面是一枚心形的胸针，胸针上面刻着两个字：母亲。

这一天是妈妈的生日。

罗本的妈妈摘下结婚戒指，放进珠宝盒，她没有别的首饰。

她笑了，抱住了儿子，从她眼角的鱼尾纹上飞出了无比的幸福与满足。

小鱼点评

天下的父母都为自己的子女默默付出而不求回报，而我们能够给予他们什么回报呢？考上名校，拥有一份不错的工作，过着一种比他们要好很多的生活，这是他们最想要的吗？

我们理所当然地享受着父母为我们创造的一切，却忘记了这份爱本身就是一种延续。罗本为妈妈准备的胸针，是一枚包含了他的心意的胸针，这里面才是一份真正的坦然，一种让我感到羞愧和温馨的感恩之情。

紧握木棒的黑孩子

〔美〕R·赖特

那天晚上，母亲告诉我：今后我必须学会自己到食品店买东西。母亲领我到大街拐弯处的食品店走了一趟，让我记住路怎么走。我激动不已，觉得自己一下子长成了大人。

第二天下午，我就拎着篮子沿着人行道去那家食品店买东西。

当我走到街道的拐弯处时，突然，一伙流氓蹿了出来。他们揪住我的衣领，把我推倒在地。他们夺走了我的篮子，抢去了我的钱。我惊慌失措地回了家。

我把发生的事情告诉了母亲，可是她没做声，随即坐了下来，写了一张所买东西的清单，给了我更多的钱，又打发我去食品店。我踌躇着走上了大街，发现还是那帮小痞子在路边闲逛，我掉头飞奔回家。

“又怎么啦?”母亲问我。

“还是刚才那群流氓，”我战战兢兢地回答，“他们还会揍我的。”

“我要你自己去对付这些人，”她平淡地说道，“好，去吧。”

“我害怕。”我乞求道。

“走吧，不要理睬他们。”她告诉我。我走出家门，径直沿人行道走去，心里祈祷着那群小流氓别再骚扰我。

然而，正当我走到几乎和他们并排的时候，其中一个突然喊道:“看，还是那个黑小孩儿。”

地痞们向我逼过来了。我感到心惊肉跳，马上转身狂奔起来。很快，我被追上了。他们把我搡倒在人行道上。我哭喊，恳求，用两脚使劲蹬，但都无济于事，没逃脱被殴打的厄运。他们掠走了我手中的钱，扯住我的两腿猛拽，朝我的脸上凶狠地抽扇。最后，我又是哭着走回家。

母亲在门口遇见了我。

“他们打……打……打我，”我边抽泣边委屈地说，“他们抢……抢……走了钱。”我正要迈上台阶，渴望着躲进家这个“避难所”。

“你不要进来。”母亲阴沉着脸警告我。

我吓得退回原地，瞪大了眼睛看着母亲，心中无限委屈。“可他们一直追着打我。”我哭诉着。

“那你就给我站在该站的地方，”母亲用吓人的声调说道，“今天晚上我非教你学会挺起腰板儿不可。并且让你学会怎样保护自己。”说着，她走进屋里，我只是战战兢兢地等着，不知道母亲要做什么。

不一会儿，母亲出来，拿出更多的钱和另一张买东西的清单，而且另一只手中拿着一根又长又重的木棒槌。“带上这些钱和这张清单，还有这根木棒槌，”她说，“去，到商店把东西买来。”

我疑惑了——母亲在教我打架——这是她以前从没有做过的事。

“可是，我怕——”我嗫嚅着。

“要是买不了东西，你就不要进这个家门。”母亲冷冷地说。

“他们会欺负我，他们……”

“那你就待在外面，不准回来！”

我憋足了力气向台阶上冲去，试着挤过母亲，闯进屋里。可随即而来的，是脸颊上重重的一记耳光。我被抽到了大街上。我哭求着:“妈，求求您让我明天再买吧！”

“不行！”她说，“现在就去。你要是空手回来，我非揍你不可。”

“砰”的一声，母亲关上了门，上了保险。

那伙流氓就在我身后，只身一人面对这阴森的街道，我惊骇地颤抖着。只有两条路可走，或是回到家里，或是远离家门。我攥着木棒，边抽泣边思索。如果我回到家里，最终也躲不过被母亲打一顿，而且自己丝毫不会对此做什么改变，然而，我要是走上街头，去面对那些无赖，那么至少可以获得机会用木棒和他们较量较量，看到底谁输谁赢。

我慢慢沿街走着，接近了那伙地痞，我捏紧了木棒，紧张得几乎停止了呼吸。

我已经站在他们对面了。

“黑小子，又来啦。”他们狂吼大笑着，很快把我围住，其中一个正要抓我的手。

“我要宰了你们！”我从牙缝中挤出这样一句话。随着我的吼声，手中的木棒早已使一个地痞的脑袋开了花。接着又是一棒，闷住了另一个流氓。就这样，我打倒了一个又一个，把刚才的怨恨和愤怒全部倾注在这根木棒上。我明白，只要我停歇一秒钟，痞子们就会缓过劲来，所以我要把他们一个个打倒，不能让他们有机会再爬起来。我呐喊着，挥舞着，眼睛里含满了泪水。刚才所遭受的殴打，所受的屈辱，一幕幕又在脑子里呈现。阵阵余悸使我每抡动一次木棒都要用上全身每一分气力。

挨过一顿猛击，小流氓个个狂呼乱喊，抱头鼠窜。有个地痞瞪大了眼睛看着发生的一切，一点儿也不相信这是刚才那个任他们肆意欺侮耍弄的黑小子。他们大概从来也没看见过这样的疯狂愤怒。

我站在那儿喘息着、叫骂着，激他们上前来斗。当发现小流氓们真的吓破了胆时，我就急追过去。他们喊着、叫着飞跑进各自的家。

随后出现在街道上的是那些地痞的父母们，他们是来吓唬我的。是平生第一次吧，我冲着大人们高声喊叫。我警告他们，如果要找我的麻烦，那我就让他们尝尝我木棒的滋味。

最后，我终于走到商店，买了东西。

回家的路上，我仍紧握木棒，准备着再次用它保护自己。可是，这回连个流氓的影子都没有碰上。

就是那天晚上，我赢得了在美国孟菲斯城的街道上行走的权利！

麦子点评

我绝对不会去主动欺负别人，可是别人要是来招惹我，我一定会让他记住一件事儿：我不是那么好欺负的。

告别少年

唐若水

夜幕降临，杂货铺打烊了。打工的小青年艾尔弗莱德，步出店门时，被满头银丝的小老头卡尔柔声喊住：“艾尔弗莱德，请稍候。”

“卡尔先生，有事吗？”

“您不妨先将口袋里的几件玩意拿出来后再回家吧！”语气依然平静。

“什么？真不明白您在说什么。”

“您拿了一个化妆盒、一支唇膏，还有至少两支牙膏，都在您的口袋里。”

卡尔先生冷冷地注视着他。小伙子不知说什么才好，硬着头皮把手伸进口袋，把几件赃物掏了出来。

卡尔先生又问：“最好老老实实向我交代，这么干已有多久了？”

“头一遭。”

卡尔先生马上反问：“把我当作了傻子吧？告诉您，我注意这事儿已有很久啦！”

卡尔先生的脸上漾起一种怪诞的笑容：“也许，得请您父亲来一趟！告诉他我将送您进班房。”

“我父亲上夜班。”

“那么谁在家里？”卡尔问。

“我想，母亲在吧。”

卡尔先生向电话走去。“请等一等，”艾尔弗莱德对卡尔喊道，“您大可不必牵连别人，告诉我母亲并无必要！”但卡尔先生已经在跟他母亲通话了。

过了好久，母亲满脸堆笑地步入店门。如此平静、安详、友好，使得老板也吃了一惊。

母亲问了事情的经过，脸上挂着讨人喜欢的微笑注视着卡尔先生："您打算如何处置他呢？"

"我想，我有权报警。"

"完全没错。不过有时我想，对一个小青年来说，在他人生的某个阶段给他指点一下迷津，也许效果更好。"

艾尔弗莱德突然觉得，母亲似乎换了个人！只见她微笑着说："您不认为我把他带回家去更合适些吗？尽管看上去像个大人，但有的孩子懂事就是懂得晚呀！"

卡尔先生原以为希金斯太太会一把眼泪一把鼻涕地为儿子求情，没料到她竟如此镇定自若，反倒觉得自己有什么地方做错了。

卡尔点了点头，表示同意。但他没有忘记通知一声，艾尔弗莱德明天起不用来上班了。

母子俩终于回到家中。希金斯太太脱去外套，对儿子没看一眼说："你真不是个东西，但愿上帝饶恕你！快去睡吧，老待在这儿干吗？"

回到卧室，艾尔弗莱德丝毫不感到羞愧，只为母亲的"强有力"而自豪，应该马上对母亲说她真是个了不起的女人！

但当他步入厨房时，眼前的情景却使他感到震惊——母亲坐着正喝茶，神情既慌张又憔悴——这和刚才在杂货铺看到的那张平静如水又生机勃勃的脸竟有天壤之别。她拿起杯子时，手在颤抖，桌布上溅满了茶水，嘴角在抽搐，面容显得异常苍老。

他注视着母亲，默默地。他突然觉得他开始告别了他的少年时代，因为这似乎是他生平头一次真正理解了自己的母亲。

小鱼点评

在故事里，母亲可以镇定自若地微笑，把所有的慌张和憔悴藏在心里，是因为她对儿子的爱。在我们成长的路上，有坎坷也有沟壑，母亲始终陪伴着我们，不离不弃，她的爱教会我们怎样长大。

礼 物

〔美〕麦达德·赖茨

在夏威夷的一座偏远小岛上，一个男孩正在仔细聆听老师的解释，为什么人们在圣诞节时要互赠礼物。

老师说:“礼物表示我们的爱意与我们对耶稣降临的欢喜，耶稣是最大的礼物。”

圣诞节到了，男孩为老师带来一份礼物—— 一个闪闪发亮的贝壳，是海水冲上岸的贝壳中的珍品。

老师问:“谢谢你，我的孩子。可是，你是在哪里发现这样一颗稀有又不寻常的贝壳的?”

男孩告诉老师，据他所知，只有一个地方能找得到这种非同寻常的贝壳。那是20多英里外的某个隐秘的海滩上，海浪有时会把这种贝壳冲上岸。

老师说:“哦，它真是太美了，我会一辈子珍惜它的。可我觉得你不该走那么远的路去为我带回礼物。”

男孩记起了关于赠送礼物的那一课，他闪着眼睛说:“走路是礼物的一部分。”

麦子点评

礼物有多么贵重并不重要，重要的是要将自己的心意传达给收到礼物的人。因为赠送礼物也只不过是友情、亲情和爱的表达方式而已。礼物，不在贵重，在心而已。

打开心灵的窗户

一个人面对外面的世界时，通过窗子才能看见世界的明亮，窗子并不重要，重要的是你的心。你的心广大，世界也就大了，你的心明亮，世界就明亮了。

雅典之疫

董湘辉

古希腊历史学家修昔底德记录了人类第一次重大疫情：雅典瘟疫。直到今天，没有人知道这场发生在2400多年前的瘟疫病像恶魔一样几乎摧毁了整个城市。

在一年多的时间里，雅典市民们生活在噩梦之中，身边强壮健康的年轻人会突然发高烧，咽喉和舌头充血并发出异常恶臭的气息。不幸的患者打喷嚏，声音嘶哑，因强烈的咳嗽而胸部疼痛。任何药物都无济于事，最后，医生也被感染而生病。

恐慌面前，人们开始选择放纵的生活，没有什么比现时的享乐更能使他们逃避现实的恐惧。于是，雅典城因为人们的绝望而土崩瓦解。然而，瘟疫可能击倒一个城市，但永远击倒不了人类。

虽然绝大多数人都对这种索命的疾病避之唯恐不及，但此时希腊北边马其顿王国的一位御医，却冒着生命危险前往雅典救治。他一面调查疫情，一面探寻病因及解救方法。不久他就发现全城只有一种人没有染上瘟疫，那就是每天和火打交道的铁匠。

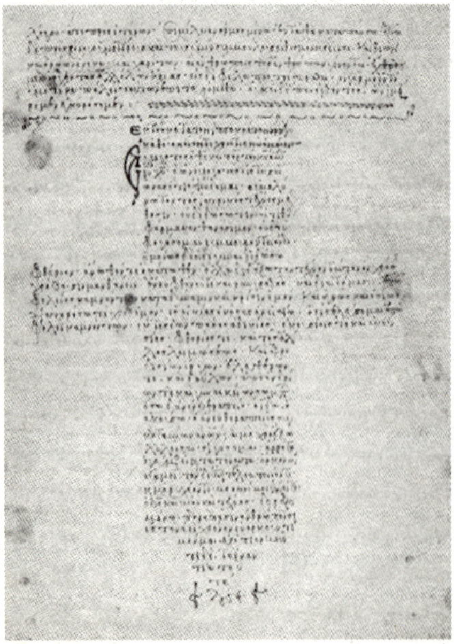

希波克拉底誓词手抄本。

他由此设想，或许火可以防疫，于是在全城各处燃起火堆来扑灭瘟疫。这位御医就是被西方尊为“医学之父”的古希腊著名医生，欧洲医学奠基人希波克拉底，他的誓言至今还被“白衣战士”传诵。

希波克拉底大火挽救了雅典，虽然

雅典城从此失去了往日的辉煌，但是雅典人还是一代一代地活了下来。这就是人类的力量：有了勇气的支撑，再点燃智慧的火苗，就能战胜所有灾难。

小鱼点评

因为人类的无知和贪婪，破坏了大自然，大自然会以它特有的方式——灾难报复人类。在灾难面前，也会有人类中的勇士和智者挺身而出，带领人们度过劫难。我们在对勇士和智者表示感激和敬意的同时，也应该反思自己的行为。

盗马

沙 彤

巴格达的阿尔马蒙有匹千里马。一个叫奥玛的商人路过巴格达，他看到阿尔马蒙的马，羡慕不已。于是提出用10个金币来换，但阿尔马蒙说就是有100个金币，他也不换。奥玛恼羞成怒，决定用诡计把千里马抢到手。

奥玛打探到阿尔马蒙每天独自遛马的路线，就选了一个离城门最远、人迹罕至的地方，乔装成病重的流浪汉，躺在路旁。果然，善良的阿尔马蒙看到有人病倒在野外，赶紧把他扶上千里马，打算带他进城治病。奥玛装作有气无力的样子指了指地上的包袱，阿尔马蒙把他的包袱拾起来系在马背上。奥玛又指了指远处的一根木棍，阿尔马蒙忙转身去捡。奥玛趁机夺过缰绳，纵马往相反的方向奔去。

卫兵和行人都没有听到阿尔马蒙的叫声，他跟在马后追了很久，终于跑不动了。奥玛知道奸计得逞，便想奚落奚落阿尔马蒙。他勒住马，得意洋洋地对阿尔马蒙喊:“你丢了千里马，连一个铜子儿也没得到，都是因为你太慈悲了。你还有什么要说的?”

“马可以归你，但有个要求，”阿尔马蒙大声说，“别告诉人们你骗千里马的方法。”

奥玛哈哈大笑说:“原来哈里发也怕别人嘲笑!”

“不，”阿尔马蒙喘着粗气回答，“我是担心人们听说这个骗局后，会怀疑昏倒在路边的人都是强盗。说不定哪一天，你我也会染疾倒卧路边，那时，谁来帮助我们呢?”

听了这话，奥玛一声不响地掉转马头，奔回阿尔马蒙身边，含泪求他宽恕自己的罪过。阿尔马蒙不计前嫌，请奥玛回王宫，像贵宾一样招待他，两人结下了深厚的友谊。奥玛后来成了巴格达历史上最受人爱戴的大法官之一。

麦子点评

助人为快乐之本，无论是谁，都会遇到这样或者那样的困难。有阳光的地方，也会有阴影。可是只要我们每个人都献出一点爱，就能把爱的阳光洒遍每一个角落。同样，只有真诚地给予了他人帮助，才能获得真正的幸福和快乐。

最穷的人

〔美〕鲍勃·麦考利

特蕾莎修女，印度著名的慈善家，在世界范围内建立了一个庞大的慈善机构网。她几十年如一日为世界上最底层、最悲惨的穷苦人奔波操劳，身患重病时依然不停歇，赢得了国际社会的广泛赞誉。

有一次，我同特蕾莎一起在探望了危地马拉的一些孤儿院后搭乘飞机前往墨西哥。当时我们创办的慈善基金会还处在初期，我一直在为如何壮大基金会而困惑。尽管有一些筹措资金的经验，但是在向别人“乞要”东西的时候，我仍然觉得很难为情，不知如何开口。正在这时，空中小姐给我们送上了午餐。“打扰您一下，”特蕾莎说，“请问这顿饭值多少钱?”

空姐耸耸肩，“不知道，在美国应该值一美元吧。”我敢说这个问题此前没有一个乘客问过。

“如果我把它退给你的话，”特蕾莎说，“你们能不能给我一美元？我想把钱捐给穷人。”空姐愣住了。

特蕾莎修女的画像。

“我不太清楚，”她吞吞吐吐地说，“我们通常没有这样做过。”我放下了刚拿起来的叉子。“那我去请示一下吧。”空姐离开这里。几分钟后，她回来说：“可以，您可以拿到退回的饭钱给穷人们。”

特蕾莎把她的餐盒递给了空姐。接着，我也交上自己的。我想在特蕾莎旁边安静地吃下这顿饭肯定是不可能的。然后，我注意到一个同事穿过走廊也交上了餐盒，接着是我们前面的一对夫妇，空姐推着餐车穿过走廊，似乎没有一个人想吃午餐。于是空姐拿起话筒对全体乘客说：“如果有人不吃午餐的话，我们的航班会按照每份一美元的标准把钱给特蕾莎修女，她会把钱当作善款来救济穷人。”

难以置信，整个飞机居然没有一个人愿意吃午餐，甚至包括全体机组人员。我站起来仔细数了下，一共129人，“太棒了，”我对特蕾莎修女说，“现在你已经为穷人筹集了129美元。”她并没有就此罢休。当飞机刚一着陆的时候，她就对我说:“巴布，跟我去拿那些吃的。”

“你想怎么处理那129美元航空午餐?”我问。“现在，那些吃的对他们来说没用了，但是我们可以把它们发放给穷人。”我极不情愿地来到机组人员面前，在握手完毕后，我把问题提了出来:“谢谢你们把午餐的钱退给我们，这，这个……特蕾莎修女想要知道她是不是还能够把那些午餐带走。”

机组人员先是一愣，然后想了想，“没问题，特蕾莎修女可以随意处置这些食物。”我赶紧告诉特蕾莎这个好消息。她非常高兴。十几分钟后，我坐上了特蕾莎驾驶的一辆航空公司提供的货车。“我们去哪儿?”“找穷人。”

一个小时后，我们到达了一个贫民区，特蕾莎把车停到路边。一群孩子上来紧紧围着我们，他们的父母紧跟其后。特蕾莎跳下车，打开货车的门，把食物分发给他们。拿到食物的人们并不知道是谁的恩惠，他们只知道这个娇小的女人有吃的。

货车、午餐和美元，她怎么会得到这么多呢？通过“乞要”。我们回到车里，直奔机场。“巴布，”特蕾莎说，“当你在为穷人去‘乞要’东西时，其实是很简单的事情。”20多年来，她的话给我无穷的力量，让我毫不羞愧地向人们“乞要”东西，因为我深知自己所做的仅是为最渴望帮助的穷苦民众，我称自己是为穷人谋利的“乞丐”，而特蕾莎修女则是这个世界最穷的人，当然她也是最富有的。

小鱼点评

特蕾莎修女是一个穷人，她的生活朴素无华；同时，她又是世界上最富有的人——因为她拥有爱、给予爱、收获爱。她只是一位满面皱纹的、文静瘦弱的修女。当她去世的噩耗传出时，印度政府为她举行国葬，全国哀悼两天，成千上万的人冒着倾盆大雨走上街头，为她的离去而流下哀伤的眼泪。拥有一颗爱心的人，就拥有了整个世界。

撞船

师　畅

他划着小船，给另一个村子的居民运送自家的农产品，那天的天气酷热难耐，他汗流浃背，苦不堪言。他心急火燎地划着小船，希望赶紧完成运送任务，以便在天黑之前能返回家中。

突然，他发现，前面另一只小船，沿河而下，迎面向自己快速驶来。眼见着两只船就要撞上了，但那只船并没有丝毫避让的意思，似乎是有意要撞翻他的小船。“让开，快点让开！你这个白痴。”他大声地向对面的船吼叫道。“再不让开你就要撞上我了!”但他的吼叫完全没用，尽管他手忙脚乱地企图让开水道，但为时已晚，那只船还是重重地撞上了他。

他被激怒了，厉声斥责道:“你会不会驾船，这么宽的河面，你竟然撞到了我的船上!”当他怒目审视对方小船时，吃惊地发现，小船上空无一人。听他大呼小叫，厉言斥骂的只是一只挣脱了绳索、顺河漂流的空船。

在多数情况下，当你责难、怒吼的时候，你的听众或许只是一艘空船。那个一再惹怒你的人决不会因为你的斥责而改变他的航向。

麦子点评

爱指责他人的人，常常是透过自己布满污渍的眼镜看待别人的。他们心中的污渍更使得任何事情在他们眼中都是脏乎乎的。他们常常为此而忿然，殊不知真正需要涤除的，恰恰是他们自己心中的污点。

董事长的智慧

侯仁祥

1933年，当经济危机在美国蔓延的时候，加利福尼亚的哈理逊纺织公司，因一场大火化为灰烬。300名员工悲观地回到家里，等待着董事长宣布公司破产和失业风暴的来临。在无望的等待中，他们终于接到了董事长办公室的一封信：向全公司员工继续支薪一个月。

1929年经济危机时，一位带着7个孩子的母亲。

员工们深感意外，他们惊喜万分，纷纷打电话或写信向董事长亚伦·博斯表示感谢。

一个月后，当他们为下个月的生活发愁时，他们又接到董事长办公室发来的第二封信。董事长宣布，再支付全体员工薪水一个月，300名员工接到信后，不再是意外和惊喜，而是热泪盈眶。第二天，他们纷纷回到公司，自发地清理废墟，擦洗机器，还有一些人主动去南方联络被中断的货源。

3个月后，哈理逊公司重新运转起来，在当时经济气候下，这简直是奇迹。当时的《基督教科学箴言报》是这样描述的：员工们使出浑身解数，昼夜不懈地卖力工作，恨不得一天干25小时，起初劝亚伦·博斯领取保险公司的赔偿金一走了之的人，以及批评他感情用事、缺乏商业精神的人，现在都开始服输。

其实世界上任何形式的灾难，都是人的灾难，一旦人的灾难被化解了，希望也就降临了。

小鱼点评

积极的情绪能帮助我们成为乐观、有朝气的少年，而消极的情绪则会让我们健康的生命变得枯萎。遇见烦恼的时候，我会告诉自己，别着急，慢慢来；遇见不开心的时候，我会告诉自己，笑一笑，没事的。

其实，我们每个人的心里都有一个红绿灯，当烦恼来临的时候，你只要知道什么时候该迈步，什么时候该停下，就一定没问题。

天堂与地狱的区别

佚 名

有人和上帝谈论天堂和地狱的问题。上帝对这个人说：“来吧，我让你看看什么是地狱。”

他们走进一个房间，屋里有一群人围着一大锅肉汤。每个人看起来都营养不良、绝望又饥饿。他们每个人都有一只可以够到锅子的汤匙，但汤匙的柄比他们的手臂要长，自己没法把汤送进嘴里。他们看上去是那样悲苦。

“来吧，我再让你看看什么是天堂。”

上帝把这个人领入另一房间。这里的一切和上一个房间没什么不同。一锅汤、一群人、一样的长柄汤匙，但大家都在快乐地歌唱。

“我不懂，”这个人说，“为什么一样的待遇与条件，他们快乐，而另一个房里的人们却很悲惨？”

上帝微笑着说：“很简单，在这儿他们会喂别人。”

麦子点评

帮助别人就是帮助自己，不懂得帮助别人、不会和别人合作的人，只会把自己送入地狱。

风雨中的万寿菊

佚　名

午后的天灰蒙蒙的，没有风。乌云压得很低，似乎要下雨。就像一个人要打喷嚏，可是又打不出来，憋得很难受。

多尔先生情绪很低落，他最烦在这样的天气出差。由于生计的关系，他要转到休斯敦。离开车的时间还有两个小时，他在站前广场上漫步，借以打发时间。

“太太，行行好”的声音吸引了他的注意力。循声音望去，他看见前面不远处一个衣衫褴褛的小男孩伸出鹰爪样的小黑手，尾随着一位贵妇人。那个妇女牵着一条毛色纯正发亮的小狗急匆匆地赶路，生怕小黑手弄脏了她的衣服。

“可怜可怜，我3天没有吃东西了，给1美元也行。”

考虑到甩不掉这个乞丐，妇女转回身，怒喝一声：“滚！这么点小孩就会做生意！”小乞丐站住脚，满脸失望。

真是世界之大无奇不有，多尔先生想。听说专门有一种人靠乞讨为生，甚至还有发大财的呢。还有一些大人专门指使一帮孩子乞讨，利用人们的同情心，说不定这些大人就站在附近观察呢，说不定这些人就是孩子的父母，如果孩子完不成定额，回去就要挨处罚。不管怎么说，孩子也怪可怜的，这个年龄本来该上学，在课堂里学习。这个孩子跟自己的儿子年龄相仿，可是……这个孩子的父母太狠心了，无论如何应该送他上学，将来成为对社会有用的人。

多尔先生正思忖着，小乞丐走到他眼前，摊着小脏手:“先生，可怜可怜吧，我3天没有吃东西了。给1美元也行。”不管这个乞丐是生活所迫，还是欺骗，多尔先生心中一阵难过，他掏出一枚1美元的硬币，递到他手里。

“谢谢您，祝您好运!”小男孩金黄色的头发连成了一个板块，全身上下只有牙齿和眼球是白的，估计他自己都忘记上次洗澡的时间了。

树上鸣蝉在聒噪，空气又闷又热，像巨大的蒸笼。多尔先生不愿意过早去候车室，就信步走进一家鲜花店。他有几次在这里买礼物送给朋友。

“你要看点什么?”卖花小姐训练有素，礼貌又有分寸。

这时，从外面又走进一个人，多尔先生瞥见那人正是刚才的小乞丐。小乞丐认真地逐个端详柜台里的鲜花。

“你要看点什么?”小姐这么问，因为她从来没有想小乞丐会买花。

“一束万寿菊。”小乞丐竟然开口了。

“要我们送给什么人吗?”

“不用，你可以写上‘献给我最亲爱的人’，下面再写上‘祝妈妈生日快乐’!”

“一共是20美元。”小姐一边写，一边说。

小乞丐从破衣服口袋里哗啦啦地摸出一大把硬币，倒在柜台上，每一枚硬币都磨得亮晶晶的，那里面可能就有多尔先生刚才给他的。他数出20美元，然后虔诚地接过下面有纸牌的花，转身离去。

这个小男孩还蛮有情趣，这是多尔先生没有想到的。

火车终于驶出站台，多尔先生望着窗外，外面下雨了，路上没有行人，只剩下各式车辆。突然，他发现了风雨中那个小男孩。只见他手捧鲜花，一步一步地缓缓地艰难前行，瘦小的身体更显单薄。多尔看到他的前方是一片公墓，他手中的万寿菊迎着风雨怒放着。

火车撞击铁轨越来越快，多尔先生也感到胸膛中一次又一次的强烈冲击。他的眼前模糊了。

小鱼点评

有几人知道自己母亲的生日？“谁言寸草心，报得三春晖。”父母的给予从来都是无私的。然而子女回报父母的，却屈指可数。

乌鸦尚懂得“反哺”，作为人有时候反而忘却了这个道理。那个在风雨中举着菊花艰难前行的小乞丐让我们汗颜。

飞起来的黑气球

佚　名

在美国的大街边上，一位老人推着车子卖着五颜六色的氢气球，一群孩子买了各种颜色的气球，有白色的、红色的、粉色的……他们拿在手里愉悦地玩耍着，有的小朋友干脆把气球放上了天空，孩子们看到满天飘着的气球都特别的兴奋。

就在老人卖完气球准备回家时，一个黑人孩子来到老人的身边说：“爷爷，我也想买一只气球。”老人看到孩子渴望的目光，就在车里翻找了起来。最后只找出一只黑色的气球，老人想给气球充上氢气，却发现气瓶里的氢气全都用光了，于是老人就用嘴把气球吹了起来。黑人孩子拿着这只黑色的气球，也想像其他孩子那样把气球放飞天空，可无论怎么抛，气球也没有飞起来。此时，孩子非常的沮丧，仿佛是自尊心被深深地伤害，难道黑人的黑色的气球也不能跟别的孩子一样飞上天空？

他用快要流下泪水的眼睛望着老人说：“爷爷，难道黑色的气球就不能飞起来吗，黑色永远都不如其他颜色吗？”此时老人惊呆了，没想到一个不经意的举动，会给这个黑人孩子的心里造成这么深的伤害，老人很后悔，于是老人蹲了下来，握着孩子的肩膀说："孩子，你要记住，气球能不能飞起来，不在于它是什么颜色，而在于它的里面充的什么气啊！走，去爷爷家，爷爷给这黑色的气球充上氢气，充上志气，充上成功之气，它也一定能够飞起来！"

《我有一个梦想》鼓舞了美国黑人，让他们努力争取自己的权利。

老人带着孩子回到家里，拿出所有的黑色气球充上氢气，交到孩子手中，可这个黑人小孩又一次望着老人用颤抖的声音说："爷爷，它们真能飞起来吗，爷爷，我真的很害怕……"老人对着孩子高声地说："孩子，勇敢一点相信自己，因为它已经充上了志气和成功之气，放开你的手，勇敢一点。"孩子听到爷爷的话仿佛有了自信，但还是闭上了眼睛，松开了双手，当他再次睁开眼睛的时候，高兴地跳了起来，大声喊道："爷爷快看，我的黑色的气球也飞起来了……"

这个孩子就是著名的黑人科学家——今恩。

麦子点评

羞怯就像是一枚坚硬的贝壳，它的里面藏着一颗珍珠。生活中总会出现一些困难和烦恼，决定气球能否飞起来的并不是气球的颜色，而是我们自己的勇气和信心。让我们积极地寻找那些自信的支点，这样就能重新获得自信。

你想尽办法了吗

佚　名

2002年10月27日，卢拉当选巴西第40任总统，这位工人出身的劳工党候选人，只读过5年小学。在21世纪，能以如此卑微的身份登上总统宝座是非常罕见的，因此在他当选那天，世界各大媒体都不遗余力地进行了报道和渲染。

一位3岁在街上擦皮鞋，12岁到洗染店当学徒，14岁进厂做工的乡下人，在55岁时通过选举而不是政变成了国家的元首，这样的神话，到底是凭什么创造的？许多传记作家都想揭开卢拉的成功之谜，然而，由于卢拉从没安排过与此有关的采访，因此还没一个人得到过这方面的片言只语。

前不久，卢拉总统前往一个名叫卡巴的小镇视察，该镇的小学请他带领学生上一节早读课，由于邀请他的那个班有一位盲童，卢拉总统欣然同意。

卢拉总统领读的是一篇题为《我的第一任老师》的课文。读完后，他想鼓励一下那位身残志坚的小男孩，就向他走过去，用自己的脸颊贴近盲童的小脸时，盲童怯怯地问了这么一个问题："大胡子总统，您的第一任老师是谁？"卢拉总统沉思了片刻，在课堂上简短地讲了这么一个故事——

也是像你们这么大的时候，我放学回家。在准备开门的时候，钥匙找不到了。返回学校去找，没有；去问同学，同学也都没见到。当时我爸爸在贝伦码头，妈妈去了一个叫蒂若卡的地方，他们星期天才能回来。怎么办呢？于是我就用一张胸卡去捣那把锁，胸卡捣坏了，锁动都没动。后来我又找来一枚别针，想钩开那把锁，可是直到弄得满头大汗，也没有弄开。于是我转到房子的后面，想从窗子爬进去，可是窗子是从里面关死的，不砸坏玻璃就无法进去。怎么办？就在我准备爬上房顶，从天窗里跳进去的时候，邻居博尔巴先生看到了我。

“你想干什么，小伙子?”

“我的钥匙丢了，我无法从门里进去。”我说。

“你就不能想点办法吗?”他问。

“我已经想尽了所有的办法。”我回答。

“不会吧?”他说，“你没有想尽所有的办法，至少你没有请求我的帮助。”说着，他从口袋里掏出钥匙，把门打开了。

当时，我一下愣住了。原来，我妈妈在他家留了一把我家的钥匙。

你如果问我，谁是我的第一任老师，我认为是博尔巴先生。

从此，卢拉总统的故事就传开了，直至传到北美，传到欧洲，传到我这儿。我相信，有一天这个故事会传遍整个世界，到那时，也许不会再有人对一个只有小学文化的人当选总统感到惊奇了。

麦子点评

当自己没有办法解决问题的时候，还有一个办法，就是向别人寻求帮助。向别人求助并不是一件丢脸的事儿，小鱼最喜欢做的事儿就是提问了，用她的话说，提问是找到答案的最简单的办法，傻瓜才不干呢。

你很重要

〔美〕海里斯·布里奇斯

这个故事发生在纽约。

一位中学老师按照顺序把每个学生都叫到讲台前，然后告诉大家这位同学对整个班级和对她本人的重要性。她还发给每个学生一条蓝色的缎带，上面写着四个金色的字——"我很重要"。

然后，那位老师又发给每个学生3条缎带和3个别针，让他们按照她在课堂上赞赏褒扬他们所使用的这种方式，把缎带赠送给他们认为值得感谢和尊敬的人。然后，跟踪观察所产生的结果，一个星期后再回到班级向她报告。

班上有一个男孩子来到邻近的公司，找到一位曾经帮助他做过人生设计的年轻主管。这个男孩子将一条蓝色缎带用别针别在了主管的衬衫上，还把另外的两条缎带和别针也给了他，并且向他解释说："把蓝色缎带送给你值得感谢和尊敬的人，再把多余的缎带和别针也给他，让他也能以此向值得他感谢和尊敬的人表达谢意。下次请您告诉我，我们这种表达方式的效果如何。"

几天之后，这位年轻的主管来到他的上司那里。他的上司是个容易发怒、不易相处的同事，但却极富才华。他向上司表示他十分仰慕他的创造性天赋。上司听了十分惊讶。

接下来，他郑重地将缎带别在了上司的外套的左上方，并把剩下的一条缎带和别针送给了他，然后问："您能否帮我个忙？把这条缎带也送给您认为值得感谢的人。这是一个男孩子送给我的，我们想让这个表达感谢的方式延续下去，最后要看看这样究竟会产生什么样的效果。"

那天晚上，上司回到家中，坐在他14岁的儿子身旁，轻轻地抚摸着他的头，温和地说："儿子，今天我遇到了一件不可思议的事。在办公室里，有一个年轻的同事告诉我，他十分仰慕我的创造性天赋，还送给我一条蓝色缎带。想想看，他认为我的创造性天赋如此值得尊敬，甚至将印有'我很重要'的缎带别在我的外套上，而且还多送我一条缎带和一枚别针，让我也能够送给值得自己感谢和尊敬的人。今天晚上，在下班的路上我就开始琢磨要把缎带和别针送给谁呢？我一下子就想到了你，儿子，你就是我要感谢的人。因为，这些天以来，我回到家里都没有花很多精力和时间来照顾你、陪你，我真的感到很惭愧。而且，有时我还会因为你的学习成绩不太好、房间又脏又乱而对你大吼大叫。真的很对不起你。可是，今晚不同了，今晚我只想坐在这儿，让你知道你对我有多重要，除了你妈妈之外，你就是我生命中最重要的人了。你是一个好孩子，我爱你。”

他的儿子感到非常震惊，注视着父亲的两只大眼睛里闪烁着泪光，他的嘴唇也开始颤抖。最后，他情难自禁，终于“呜呜呜”地哭起来，身体也随着颤抖不已，他泪眼婆娑地看着父亲，哽咽着说：“爸爸……我本想明天去……去自杀的，我……我以为你根本就……就不爱我。现在……现在我想已经没有那个必要了。”

麦子点评

爱，是需要表达的。如果你有值得感谢和尊敬的人，那就告诉他们，把你的感受传达给他们。不要刻意用一种仰视的目光看待你身边的人，因为真正感谢和尊敬对方时，你会自然而然低下头。

破戒

颜如玉

四个修行者相约彻夜打坐，事先讲好应专心一致，不能为外界的任何事物分心，更不可以开口说话。

一盏微弱的油灯，伴着四位修行者禅坐。整个禅室里，显得格外的冷清。到了夜半，油灯里的油越燃越少，眼看就要油尽灯枯，这时候忽然吹起一阵风，使得灯火更加闪烁不定，几乎就要熄灭了。

“糟糕！灯火快被吹灭了。”其中的一位修行者不禁大为着急地叫了起来。

在寂静的禅堂中，他的喊叫声异常刺耳。坐在旁边的另一位修行者就责备他："我们专心打坐修行，你怎么可以开口说话呢？"

不料，他的责备，却引来另一位第三者的不满："你还不是讲话了！"

这时候，只见第四位修行者微微一笑，自言自语地说："幸好只有我没有破戒。"

人总是很轻易看到别人的缺点，面对自己的过失，却常常无法发觉。你会是第四位修行者吗？

小鱼点评

其实，挑别人毛病之时，就是自己出毛病之时。当一个人找到别人的过失时，是否想到自己正在犯同样的错误。

蓝色的连衫裙

靳 希

1909年的春天来到了俄亥俄州的克利夫兰城，可是，它没能给盖特街带来新面貌。临近的那些漂亮街道上的住户们都已忙开了：拾掇闲了一冬的小园子，粉刷、油漆房屋，为夏天准备好剪草机……盖特街却仍是老样子：又脏又乱。

盖特街是条短街，但走过这条街的人都嫌它太长了。当然，住在这儿的人都没多少钱，穷人的要求是不多的。

盖特街的住户有时能找到点儿活干，有时为找工作而奔波。他们的屋子多年没有油漆粉刷了，院子里连自来水也没有，只好到街角的水栓那儿去提水。

街上的景象当然好不了——没有人行道，没有路灯，街道一头上的铁路线给这儿增添了更多的嘈杂声和尘土。

春天到了，其他街道上去学校读书的小姑娘们都穿上了漂亮的新衣裳。但是，这个盖特街上的小姑娘还是穿着那件她已穿了一冬的脏罩衫，也许，她只有这一身衣服？

她的老师深深地叹了口气：多好的小姑娘啊！她学习起来可真用功，她懂礼貌，见了人总是笑眯眯的。可惜，她的脸从来也不洗，还有一头蓬乱的头发。

一天，老师对这个小姑娘说："明天你来上学以前，请你为我洗洗你自己的脸，好吗？"老师看得出，她是个漂亮的小姑娘。

第二天，这个小姑娘洗干净了脸，还把头发梳得整整齐齐。放学时，老师又对她说："好孩子，让妈妈帮你洗洗衣服吧。"

可是，小姑娘还是每天穿着那身脏衣服来上学。于是老师去买了一套美丽的蓝色的连衫裙，送给了小姑娘。孩子接过这礼物，又惊又喜，她飞快地向家里跑去。

第二天，小姑娘穿着那套美丽的衣服来上学了，她又干净又整齐，兴高采烈地对老师说："我妈妈看我穿上这身新衣服，嘴巴都张大了。爸爸出门去找工作了，可是没关系，吃晚饭时他会看到的。"

当爸爸的看到穿着新衣衫的女儿时，他不禁暗暗说，真没想到，我的女儿竟这么漂亮！当全家人坐下吃饭时，他又吃了一惊——桌子上铺了桌布！家里的饭桌上从来没用过桌布，他不禁问："这是为什么？"

"我们早该整洁起来了，"他的妻子说，"又脏又乱的屋子对我们这个干净漂亮的小宝贝来说，可不是个好事。"

晚饭后，妈妈就开始擦洗地板，爸爸站在一旁看了会儿，就不声不响地拿起工具，到后院修理院子的栅栏去了。第二天晚上，全家人开始在院子里开辟一个小花园。

第二个星期，邻居开始关心地看着小姑娘家的活动，接着，他也开始油漆自己那十多年未曾动过的房屋了。这两家人的活动引起了更多人的注意，于是，有人向政府、教会和学校呼吁：应该帮助这条没有人行道、没有自来水的街上的居民，他们的境况这样糟，可是他们仍然在尽力创造一个美好的环境。

几个月后，盖特街简直变得让人认不出来了。修了人行道，安上了路灯，院里接上了自来水。小姑娘穿上她的新衣服的六个月后，盖特街已经是一条整洁的街道了。

得知盖特街变化的人们管这叫“盖特街的整洁化”，这个奇迹愈传愈远。

其他城市的人们听到这个故事，也开始开展他们自己的“整洁化”运动，到1913年，有上千个美国城镇开展了修理、油漆房屋的活动。

当一位老师送给一个小女孩一套蓝色的新衣裳时，谁能料到会发生这样的奇迹呢？

麦子点评

因为一套蓝色的连衫裙，居然引发了美国城镇的“整洁化”运动。如果你心里有一颗信念的种子，不要吝惜给它阳光，努力去做也许就能创造奇迹。

原谅

〔新加坡〕尤　今

在上海的一家餐馆里，负责为我们上菜的那位女侍，年轻得像是树上的一片嫩叶。注意她，是因为她上菜时显得笨手拙脚的，让我老是担心她可能会把盘子里的汤汁转化成我的洗澡水。我的第六感居然没有“辜负”我。捧上蒸鱼时，盘子倾斜，腥膻的鱼汁鲁鲁莽莽地直淋而下，泼洒在我搁于椅子的皮包上！我本能地跳了起来，阴霾的脸，变成欲雨的天。这皮包，是我在意大利买的，极好极软的牛皮，不能洗涤，是我心头的大爱。

可是，我还没有发作，我亲爱的女儿便以旋风般的速度站了起来，快步走到女侍身旁，露出了极温柔的笑脸，拍了拍她的肩膀，说:“不碍事，没关系。”女侍如受惊的小犬，手足无措地看着我的皮包，嗫嚅地说:“我，我去拿布来抹……”万万想不到，女儿居然说道:“没事，回家洗洗就干净了。你去做工吧，真的，没关系的，不必放在心上。”女儿的口气是那么的柔和，倒好似做错事的人是她。这时，女侍原本绷得像石头一般的脸，慢慢地放松了，她细声细气地说了声“对不起”，便低着头走开了。

我瞪着女儿，觉得自己像一只气球，气装得过满，要爆炸，却又爆不了，不免辛苦。

女儿平静地看着我，在餐馆明亮的灯火下，我清清楚楚地看到，她大大的眸子里，竟然镀着一层薄薄的泪光。

当天晚上，回返旅馆之后，母女俩齐齐躺在床上，她这才亮出了葫芦里所卖的药。

在伦敦的那三年，为了训练女儿的独立性，我和丈夫决定不让女儿在大学假期期间回家，我们要她自行策划背包旅行，也希望她在英国试试兼职打工的滋味儿。活泼外向的女儿，在家里十指不沾阳春水，粗工细活都轮不到她，然而，来到人生地不熟的英国，却选择当女侍来体验生活。

第一天上工，便闯祸了。她被分配到厨房去清洗酒杯，那些透亮细致的高脚玻璃杯，一只只薄如蝉翅，只要力道稍稍重一点，便会“分崩离析”，化成一堆晶亮的碎片。女儿战战兢兢，如履薄冰，好不容易将那一大堆好似一辈子也洗不完的酒杯洗干净了，正松了一口气时，没有想到身子一歪，一个踉跄，撞倒了杯子，杯子应声倒地，“哐啷、哐啷，哐啷、哐啷”，连续不断的一串又一串清脆的响声过后，酒杯全化成了地上闪闪烁烁的玻璃碎片。

"妈妈，那一刻，我真有堕入地狱的感觉。"女儿的声音，还残存着些许惊悸："可是，您知道领班有什么反应吗？她不慌不忙地走了过来，搂住了我，说，亲爱的，你没事吧？接着，又转过头去吩咐其他员工，赶快把碎片打扫干净吧！对我，她连一字半句责备的话都没有！"

又有一次，女儿在倒酒时，不小心把鲜红如血的葡萄酒倒在顾客乳白色的衣裙上，好似刻意为她在衣裙上栽种了一季残缺的九重葛。原以为她会大发雷霆，没想到她反而倒过来安慰她，说："没关系，酒渍嘛，不难洗。"说着，站起来，轻轻拍拍女儿的肩膀，便静悄悄地走进了洗手间，不张扬、更不叫嚣，把眼前这只惊弓之鸟安抚成梁上的小燕子。

女儿的声音，充满了感情："妈妈，既然别人能原谅我的过失，您就把其他犯错的人当成是您的女儿，原谅她们吧！"此刻，在异乡异国的夜里，我眼眶全湿。

小鱼点评

我们在生活中一定也会遇到像故事里侍女那样的人，我们也应该给人以宽容，给人以爱心。如果每一个人都像故事中的"女儿"那样，把这种宽以待人的美德传递下去，世界将会充满和谐，人间也将充满温暖。

穿越想象的魔法门

想象力并不是凭空瞎想，而是来自我们看过的故事与眼前事物的交织。早晨，推开窗子，清新的气息扑面而来，这个世界是如此的美妙。来，闭上眼睛，我们开始想象吧！

绝世斗狗

尹玉生

AB两国一直在战争，最终他们都认识到，如果再无休无止地打下去，结果只能是两败俱伤。终于，他们坐在了谈判桌前，决定以一场斗狗大战来解决他们之间的所有恩怨。他们共同聘请一个中立国的裁判。

AB两国的谈判代表一致同意，决斗定于5年之后。

A国很快找到了世界上最彪悍的德国产的罗特韦尔犬，精心喂养它们，并在它们与西伯利亚野狼繁衍的后代中精挑细选，选出一只最健康、最强壮的狗崽。通过服用大量的药剂以及顶尖驯兽师的长期训练，狗崽逐渐变得凶悍无比。

举世瞩目的决斗日终于到来了。B国人带来了他们的斗狗：它个子矮小，身体很长，足有9英尺，黑褐色的短毛，耳朵下垂，无精打采地匍匐在地上。这是一条典型的用来追猎猪獾的德国产的达克斯猎狗。

所有的人都对B国人充满了同情，没有一个人认为这样一条猎獾狗能够抵挡住A国猛狗的一击。

双方打开了各自的狗笼，放出了各自的斗士。

A国的猛狗一跃从笼中跳出来，迅猛地向B国的猎狗扑去。B国的猎狗慢吞吞爬出狗笼，A国猛狗正好扑到面前，它张开嘴巴，一下将对手吞进嘴里。片刻之间，除了一些狗毛和一条尾巴，A国猛狗已全部进到了B国猎狗的腹中。

裁判目瞪口呆，摇着头说道："太难以置信了！要知道，A国用他们最好的科学家、最优秀的驯兽师花费了整整5年时间，才训练出这条凶猛无比的狗……"

B国人微笑着说："可是，你知道吗？我们B国最顶尖的整形外科医生们也花费了整整5年的时间，才使得这只鳄鱼看起来和达克斯猎狗一模一样。"

小鱼点评

绝世斗狗，本来是一道命题作文，可是在打破常规的B国人那里，却悄悄地拐了一道弯。有时候，我们也会抱怨生活中无聊烦闷，其实生活并不缺少乐趣，缺少的只是创造。只要我们肯动脑筋，一个个充满新意、丰富多彩的日子就会出现！

羊虎

黄瑞云

羊对造物主说:“万能的主，你是最不公正的了。你让恶统治着世界，而让善永远处于可悲的地位!”

“你能说得具体一些吗?”造物主说。

“这不是明摆着的吗，”羊说，“在你创造的这个世界里，所有恶的东西，你都给予精锐的装备；而对善的，却让它们连抵抗的本领也没有。这哪有丁点儿公平和正义呢！没有比老虎更凶恶的了，你却给它装上锋利的爪子和牙齿，身段也特别矫健。我们羊呢，世界上没有比我们更善良的动物了，但我们没有任何抵抗的能力。你给了我们一对角也是向后弯着，根本抵御不了敌人。”

“这个容易，”造物主说，“我可以赋予你足够的力量。”

万能的主立即动手。他先把羊的身子拉得长大；然后把羊的嘴掰宽，钉上尖锐的牙齿；再把羊的蹄脚脱掉，换成锐利的爪子；末了，还把羊的两只角拉直，挺向前方。

一切竣工以后，造物主拍拍这畸形的动物，说道:“好了，我的宝贝！现在你可以保持羊的善良而具有超越老虎的力量。你的名字就叫羊虎吧!”

羊虎高兴极了，它向原野走去。但是这张宽阔的嘴和尖利的牙齿，吃起草来却很不方便，它觉得很饿。路上碰到一只兔子。它想：“我也来试试吃点兔肉吧！”它轻而易举就抓住兔子塞进了嘴里。

它发现了一个天大的秘密，原来肉比草好吃得多。第一次成功的尝试给了它极大的鼓舞，它开始大量地捕食弱小的动物。搏斗的本领是没得说的。它具有老虎锋牙利爪的一切功能，再加上一对尖利的角，进攻起来，真是所向无敌。新的生活完全改变了它原有的观念。“通过斗争来决定胜负是公平的，也符合正义的原则。至于善恶云云，那不过是扯淡！”这是它后来的结论。

“世界上真有羊虎这种野兽吗，我的寓言家？”

“当然有的，亲爱的读者！不过你没有必要过分地拘泥于我所描述的外形。”

强者崇拜力量，弱者渴求保护和公正。人类社会比动物界的文明之处就是试图建立裁判对错的机制和打击犯规者的力量。尽管还不完备，但这毕竟是文明。

麦子点评

羊虎是种幻想出来的生物，原本弱小的羊突然之间拥有了老虎的力量，可是它却没有能够保持自己的善良。世界上并不存在羊虎这种生物，但羊虎的恶念很可能就潜伏在我们身边。

两只相距四点五厘米的蚂蚁

薛　涛

小白和小黑怎么联系，是个秘密。这个秘密最先藏在小白那里，一天后小黑不放心了，又改藏在小黑那里。秘密藏在小黑那里小白又睡不好了，两人都怕对方马虎把秘密弄丢。最后他们想出一个最好的主意：把秘密分成两份，每人分得一份，两人都安心了。小白笑了，小黑也笑了。小白说，我知道，你在笑。小黑说，你也在笑，我知道。然后两人关闭“仪器”睡觉，睡得香极了。

蚂蚁小白住在兰州，蚂蚁小黑住在青岛。

他们是用触角联网的，就是这个秘密。

小黑对兰州知道的不多，只知道一个大学、一本杂志，还有一只蚂蚁，就这些。

小白对青岛知道的更少，一只蚂蚁、一只黑蚂蚁、一只喜欢旅行的黑蚂蚁，就这些。

小白问小黑，你说我们的距离有多远呢？我觉得不太近呢。

小黑说，这个难不住我，我马上告诉你准确答案。

小黑翻出一张不大的地图，再找来一把塑料尺，在兰州和青岛之间量了三遍。确信没有误差了，小黑兴奋地告诉小白，真没想到真没想到，才四点五厘米，四点五厘米你想到了吗小白？

小白起初不太相信，问小黑，你是用尺量的？

小黑向小白打保票，是标准的塑料尺，不必再怀疑的。小白望着窗外的暖阳，告诉小黑，这是2004年她听到的最好的消息了。

那么我们可以见一面的。小黑尽量平静地说。

如果不见面也还快乐，就不见面的好，现在我还算快乐。小白说。

小黑想了想，不见小白也还很快乐，就罢了，放弃了见面的念头。

这期间的几天他们真的过得非常快乐，为四点五厘米的距离快乐着。多好，才四点五厘米，只要周围的蝉肯安静一点，能听见对方的呼吸的。

我遇到点麻烦，真有点恐怖啊！一天早上，小白战战兢兢地告诉小黑。

你怎么了？小黑很紧张，看样子小白不妙。

确实是个最新的消息，一个坏消息：早上，小白爬上兰州市中心一棵老树，老树的身上很久没来这么可爱的小动物了，老树一激动，流下一滴泪，正好把小白的一只腿粘住了。

这是保存在琥珀中的一只远古蚂蚁，它被认为是现代蚂蚁物种的祖先，也是迄今为止发现的最古老的蚂蚁标本。

我过得不好，我想我俩应该见面了！小白无助地说。

听到这个消息，小黑的心狠狠疼了一下，说，我就来！

两人都认为应该见一面了，不见面都不快乐啊！

小黑出发以前，又看了看地图。他应该向西走，四点五厘米，几秒钟的距离。

几分钟后，小黑告诉小白，我猜我是到了，怎么没看见树呢？

小白也没看见小黑，周围能看见的范围里绝对没有同类的影子。

小黑赶紧收起地图，继续向西走下去。他俩都没想到，四点五厘米要走这么久。

小白提醒小黑，可以搭车的。小黑就爬上一辆西行的汽车。走了半天，小黑怕错过兰州，赶紧打开地图看，结果呢才到洛阳，完成四点五厘米的一半。

小黑正量着地图，一阵风把他和地图从车上掀下去了，他们在空中翻滚好久才落回到地面上。小黑没有把这个糟糕的消息告诉小白，平静了一会儿他又上路了。他相信他的尺是标准的，他的测量也没有错。真是倒霉的旅行，几分钟后小黑又被一只皮鞋踩了一下，幸好没有要他的命，仅仅有点轻微骨折。

小黑只是告诉小白，他在路上，向西行，距离她只有一半的路程了。小白马上计算了一下：嗯，确实近多了，就要见到小黑了。小白开始想象他黑黑的样子了。

现在开始想象并不算早吧？小白问小黑。

是的，不算早，我就要赶到了，你觉得怎么样？小黑说。

还不错，老树跟我道歉了，可是还是无法让我自由，不过有道歉就该原谅他对不对？我准备原谅他了。小白说。

你想原谅就原谅吧，不该计较一棵老树的眼泪，小黑气喘吁吁的。

就是这个时候，小黑正被一条河拦住去路，不知不觉中小黑已经偏离了公路，也就找不到桥了。小黑查了地图，是洛河在为难他。没什么，小黑把地图折成一艘纸船，顺风向西漂过了洛河。不过就在他一只腿刚刚搭在岸边的瞬间，纸船刚好被河水浸湿，沉没了。

一个坏消息，为了帮我，我刚刚失去那个最好的朋友，他一直在帮助我。小黑生平第一次哭了。

那我陪你哭，我没有别的办法，不过只要他是心甘情愿的，他离开你的时候肯定很快乐，这快乐也是你给他的，不是吗？小白哭着说。

纸船的踪影完全在水面上消失了，小黑认定它已经沉到了河底，便擦干眼泪继续旅行。这回小黑搭在一个去西安的胖子身上，随他乘上一列火车。小黑出发时忽略了一个最重要的东西：钱。没有钱，小黑就只好用这个办法逃票。

你能原谅我这么干吗，小白？

小白原谅了小黑的行径。没有钱买票，这也算是一个聪明的办法。

离开西安向西，小黑的运气不佳，几乎没搭上速度快的车，他要经常在路上以一毫米一毫米的速度西行。小黑计算着，十毫米就是一厘米，这速度也不慢。

谁都没察觉，许多许多个月过去了。这期间，小白一直困在老树的眼泪上面，她的那只腿渐渐失去了知觉，而小黑一直在路上。小白就要变成一只干瘪的蚂蚁的时候，小黑的最新消息来到了，是一个微弱的声音：我在爬树——

小白的身体里的血液马上又恢复了流动，知觉也回到那只麻木的腿上。小白说，我等你呢——

几个小时后，两只蚂蚁在树干中部、相距四点五厘米的地方同时发现了对方。

小黑使出全身最后的力气，快速向对方爬去。

两对触角碰在一起的时候，小黑说，四点五厘米，九秒，一点都不远。

是啊，真的不远啊——

这棵老树一直目睹着身上发生的故事，看着看着又有一滴泪滚落下来。这滴泪恰好把小白和小黑裹在一起，形成了一枚晶莹透明的琥珀房子。

从此，小白和小黑就住在这幢琥珀房子里，再也不分开了。

小鱼点评

小白和小黑两只小蚂蚁之间有一道奇特的网，这让我想起了我在博客上认识的那些朋友们。我们通过网络互通有无，彼此分享对方的经验、观点、知识、情感和愿望，我们相互理解，慢慢地长大。所以，当我看到最后小白和小黑变成了琥珀的时候，真的很感动。

走失的扫帚

流　火

这是女巫米妮家飞行扫帚走失后的第六天。

再等一天，米妮想，再等一天就整整一星期了，再等一天它还不回来，我就去领个新扫帚。

飞行扫帚做起来其实很简单，在普通扫帚的扫帚柄上，刻个特定的魔法阵就成。那魔法阵，米妮熟得闭着眼睛也能画。

可是再熟也没用，私自制作飞行扫帚是违反女巫守则的。飞行扫帚只能去女巫交通所领。

在最近的一年里，米妮已经去领过三回扫帚了。

有传言说，米妮用飞行扫帚扫地，扫帚才会坏那么快。大家还在暗地里给米妮起了个外号——“用扫帚扫地的女巫”。

这当然是瞎说。我可以很负责任地告诉你，米妮从来不扫地。

即使不被说闲话，米妮也不怎么乐意去领新扫帚。

原来的扫帚好不容易被调教成熟练工，懂得用米妮喜欢的速度飞行，也懂得用米妮喜欢的方式降落，还会耍几个米妮独创的小花招。要是领了新扫帚，又得从头再教。

无聊地坐在窗户边等着第七天过去，女巫米妮忽然跳起来：“我不能光坐在这瞎等，我得想个办法把我的扫帚找回来！”

怎么找呢？以米妮数次丢失扫帚的经验来看，它显然不是被别人偷走的，也不是被米妮自己弄丢的。绝对是扫帚自己飞跑掉的，不是丢失，是走失。

当我的飞行扫帚有那么糟糕吗，竟然偷跑！

米妮越想越生气。我一定要把它给找回来！

这里说的找，当然不会是一家家敲门问邻居，也不会是一条条路转悠寻帚丝扫迹。

女巫们习惯用魔法解决一切问题。

米妮在家门口的小坪上，画了一个魔法阵，准确地说，是画了个魔法陷阱。在陷阱中央摆上个诱饵，魔法阵会负责放大它的魅力，迅速引来对诱饵感兴趣的猎物。

画魔法阵对米妮来说轻而易举，放诱饵时却犹豫不决。谁知道扫帚会喜欢什么啊。

米妮想了又想，决定按自己的喜好先试试。也许扫帚喜爱的东西会和主人一样。

米妮在阵中央放了盘蜂蜜蛋糕。

魔法阵瞬间启动——

真的很有效啊。米妮点点头，去把被陷阱抓住的熊放出来。熊被放出来了，却不去逃命，蹲在陷阱边眼巴巴地看着蛋糕。米妮把蛋糕拿出来，自己吃一半，分给熊一半。熊吃过蛋糕又舔了半天爪子才走。

第二个被放进阵中的是米妮的黑猫。米妮很爱自己的猫，她记得扫帚跟猫的关系也很好。

魔法阵再次启动——

黑猫果然迷人啊。米妮点点头，去把被陷阱抓住的一位陌生女巫放出来。这位女巫的猫生病死掉了，一直在寻找新的可爱的猫。米妮不得不作出承诺，说等黑猫生了小猫后，一定送这位女巫一只，她才依依不舍地走掉。

接下来被放进阵中的包括：花瓶、鸦毛笔、旱冰鞋、画册、洗碗巾……被陷阱抓住的包括：一株榕树、一只蚂蚁、一条娃娃鱼、一座小木屋、一家电影院……

就这么一样一样诱饵试，得试到什么时候啊。米妮肚子里的半碟蛋糕早消化光了。她沉思片刻，决定使出终极大招。

米妮拿了一把魔法粉笔，重新开始画一个魔法陷阱。这个魔法陷阱在结构和功效上跟前一个没什么两样，不同的是它比前一个要大很多。陷阱画好了，现在，整座米妮的房子，全部房子里的东西都成为诱饵。这么多东西，总有一样是扫帚喜欢的吧。

米妮满意地拍拍手，魔法阵瞬间启动——

绝招果然是绝招呀。陷阱把飞进屋子的扫帚牢牢抓住，米妮一眼就认出它正是自家走失的那把。

米妮把扫帚从陷阱里放出来，一边喝水一边狠狠把它教训了一通。

扫帚低着头含着眼泪保证以后再不偷跑。良好的认错态度，让米妮的怒火慢慢平息。

“到底是这屋子里的哪样东西把你给引回来的？”怒气跑光后好奇心冒出头，当然米妮问这个问题时，还有另外的狡猾原因——知道扫帚喜欢什么，如果它再跑，画陷阱抓回来也比较容易。

“我，我喜欢这屋子的地板。”扫帚期期艾艾地说，低垂的视线扫到地板后，两只小眼睛蓦地大放光彩。

“喜欢地板？”米妮觉得很新鲜。仔仔细细再问过之后，才明白，扫帚说的喜欢地板，是喜欢扫地的意思。

作为一把飞行扫帚，本职工作是飞行。而它的私人爱好是扫地。

“可你都不用我扫地！”扫帚委屈地说，“事实上，你也不用任何东西扫地！”

扫帚跑掉后，是自己去找地扫了。

“虽然这几天扫过很多地方，可我最忘不了的还是米妮家啊！”扫帚的眼睛又开始放光，“还是米妮家的地板够脏，垃圾够多，灰尘够厚，扫起来，一定很够劲吧！”

……

米妮沉默了很久。

过了好一阵子米妮才重新开口，她和扫帚定下协议，只要它负责保证做好载女巫出行的本职工作，闲暇时间想扫地玩就可以随便扫着玩儿。

"扫完后，要记得把自己洗一洗晾干。"女巫说完这句话后，就出门去附近的一家小餐厅吃饭了。把屋子留下来，让扫帚扫个够。

麦子点评

女巫米妮有一把会出走的神奇扫帚，它最喜欢做的事儿就是打扫米妮家的垃圾。生活中要是也有这样一把扫帚就好了，我就可以像哈里·波特那样，只用轻轻挥一挥手，它就会自己动起来，那该多酷啊！

只有聪明的伊莎贝尔

潘国本

伊莎贝尔一天辛苦之后酣然入睡。

一位玲珑的天使飞进窗口找上了她，说，聪明的伊莎贝尔，每个人都应该得到一份适量的聪明和一份适量的愚蠢，可是匆忙中上帝遗漏了你的愚蠢，现在我给你送来了这份礼物。

愚蠢礼物？伊莎贝尔很不理解。慑于上帝的威严，她接过天使包中的愚蠢，无可奈何地植入脑中。

第二天，她平生第一次讲话出了破绽，第一次解题费上了思考，她花了一个早晨记住的一组单词三五天后就忘了将近一半。她痛恨这份"礼物"。夜深，她偷偷地取出了植脑不深的愚蠢，扔了。

事隔数天，天使来核查他自己做的那份工作，发现他给伊莎贝尔的那份愚蠢已被她扔进了垃圾箱。他第二次飞入伊莎贝尔的卧房，义正词严地对她说，这是每一个人都必须有的配额，只是或多或少罢了，每个完整的人都应该这样。

不得已，伊莎贝尔重新把那份讨厌的愚蠢捡了回来。但是，她太不愿意自己变成一个不很聪明的人了。她把愚蠢嵌进头发，不让它进入思维，居然蒙过了天使的耳目。以后，伊莎贝尔没有遇上一道难题，没有考过一次低分，一直保持着强盛的记忆，出色的思维和优异的成绩。

当然，她也没有了辛勤劳作后的愉快和改正差错后的轻松。更奇怪的是，也没有一个同伴愿意与她一起组队去出席专题辩论，因为她的精彩使同伴全成木鸡；也没有哪个愿意和她做买卖，因为得利赚钱的总只是她。虽然她也年轻漂亮，谁敢找她去恋爱呢？男人们无不怕在她的光环里对比成傻瓜。连下棋打牌也十分没劲，对手总是输得伤心。偶尔有一两次她给了点面子，卖个关子下个软着，别人也很容易看出是她在暗中放人一马，比她胜了还伤害人的自尊。

她越来越孤独、空乏，真的也希望有份愚蠢了。但是，聪明成性的脑袋愚蠢是再也植不进去了。她希望能再见上一次天使，可天使“黄鹤一去不复返”了。

因为只有聪明，伊莎贝尔在痛苦中熬过单调的一生。

小鱼点评

比起做一个孤独的聪明人来，我更愿意做一个能够不断从失败和错误中汲取教训、不断得到别人认可与欣赏的“笨人”。聪明人应该更容易得到别人的亲近，也更应该有影响力，他们有自己的想法并且懂得与他人合作，你觉得呢？

永不休息的鬼

林清玄

有一个外乡人在市场里卖鬼。一般人听到鬼都很害怕，根本不敢靠近。外乡人说:“你们不用害怕，这鬼不是普通的鬼，是工作鬼，不会害人的!”

一个路过的人，大起胆子问他:“你的鬼，一个要卖多少钱呀?”

外乡人说:“一个要200两黄金!”

路过的人惊讶地问道:“怎么这么贵?”

外乡人说:“我这鬼很稀有的，只要主人吩咐，任何事情它都会做。它很会工作，一天的工作量抵得过100个人的工作量。您买回去只要很短的时间，不但可以赚回200两黄金，还可以成为富翁呀!”路过的人感到疑惑:“既然它这么好，为什么你不自己使用呢?”

外乡人说:“不瞒你说，这鬼万般好，唯一的缺点是，只要一开始工作，就永远不会停止。因为鬼不像人，是不需要睡觉、休息的，所以，您要24小时从早到晚把所有的事吩咐好，不可以让它有空闲时间。只要一有空闲时间，它就会完全按照自己的意思工作。我自己家里的活儿有限，才想把它卖给更需要的人。”

路过的人心想自己的田地广大、家里有忙不完的事，就说:“这哪里是缺点，实在是最大的优点呀!”于是，路过的人花了200两黄金把鬼买回家，成了鬼的主人。

主人叫鬼种田，没想到，一大片地只用两天就种完。主人叫鬼盖房子，鬼只用了三天的时间，便将房子盖好了。主人叫鬼做木工装潢，半天房子就装潢好了。整地、搬运、挑担、推磨、炊煮、纺织，不论做什么，鬼都会做，而且很快便做好了。

短短一年，鬼主人就成了大富翁。但是，主人和鬼变得一样忙碌，鬼是做不停，主人是想不停，他劳心费神地苦思下一个指令。每当他想到一个困难的工作，例如，在一个桃核上刻10艘小舟，或在象牙球里刻9个象牙球，他都会欢喜不已，以为鬼要很久才会做好。可是，不论多么困难的事，鬼总是很快做好了。

有一天，主人实在是撑不住了，累倒了，忘记吩咐鬼要做什么事。于是，鬼把主人的房子拆了，将地整平；把牛羊牲畜都杀了，一只一只扔在田里；鬼又将主人的财宝衣服全部弄碎，磨成粉末……正当鬼忙得不可开交，主人从睡梦中惊醒，才发现一切都没有了。

原来，永远不停止地工作，才是最大的缺点呀。

麦子点评

学习和休息，其实是相辅相成的，如果一味地追求学习的高效率，而忘记了给自己适当的放松，结果未必如人意。会学习的人一定也懂得该如何休息，我一直是这么认为的。

预言鼠

〔日〕星新一

有个人，他饲养了几只老鼠。这几只老鼠是同类中的精英，犹如精灵一般。

这个人每天喂给老鼠香美的食物，并且热心地给它们擦洗身子。老鼠一

这是与老鼠有关的越南邮票《老鼠嫁女》。

病，他就担心异常，其程度甚至超过了对自己的关怀，老鼠跟他也非常亲密。天晴，他们在院子里愉快地玩耍；下雨，就在家里捉迷藏。他们还经常一起去旅行。他感到跟老鼠生活在一起无限快乐，然而这并不是他的目的。他常常抚摩着老鼠的脊背，口中嘟囔：如果没有你们，我真不知道会遇到多少灾难呀。

原来，老鼠有未雨绸缪、预感危险的本领，他正是注意利用了这一点，并且深入研究，发挥了作用的。

有一次，老鼠突然都从家里逃走了。他弄不清是怎么回事，也就没命地在后面追，朋友们也紧紧跟着。这时，大地震发生了。真是幸运，因为是在外面，所以他免于死难。要是待在家里，肯定会被压在建筑物下，即使不死，无疑也要受重伤。

还有一次，那是在他外出要上船的时候，老鼠在他的手提袋里骚动起来，他立即收住步子，老鼠随之也安静下来。结果，出航的船遇上了风暴，沉没在大海里。

他像这样托老鼠的福而幸免于难的事还有好几回。他想着这些，对老鼠说:“不管怎样，这是一个多灾多难的世界。今后可要多多关照啊。”

他喂食给它们吃。这时，吃食的老鼠显得惶恐不安。这是危险的预兆。

“啊？将要发生什么事？是火灾，还是水灾？不管它，赶快搬家吧。”

由于事出突然，也就顾不得价钱的贵贱，他胡乱卖掉房子，匆忙搬走了。当然，受些损失也是没办法的，要是磨磨蹭蹭，碰上灾难岂不更糟啦！

乔迁新居后，老鼠恢复了常态。这人稍事安顿，就竭力想弄清搬走后旧居到底发生了什么灾难。于是，他给旧居挂了电话。

“喂，喂，我是以前的老住户，想打听一下……”

“什么事？忘了什么东西？”

“不是，我是想知道在我搬走后，您那里有什么变化？”

“唔，好像没什么。”

“绝不会的，请您仔细想一下。”

“要说嘛，那就是您走后不久，住您隔壁的人家也搬了，就这些。”

“是吗！新搬来的是什么人？一定是位可怕的人物。”

他热心地问着。他想，灾难这时恐怕已降临到隔壁，自己要是不搬，无疑会被卷入事变中去。但是，对方的回答却令他很意外。“不，是位很和善的人。”

“真的吗？”

“确实是的。因为他非常爱猫，养了很多，所以……”

小鱼点评

这个人的生活完全跟老鼠绑在了一起，他没有自己的判断，只是被动地相信老鼠。这其实是一种怯懦的表现，把自己的命运完全交给了别人。都说思想决定行为，行为决定命运，要改变命运，就要改变行为，要改变行为，就必须先有自己的想法。

测大楼高度的N种方法

月　明

许多人在学生时代都被问过这样一个物理问题：“如何利用气压计测定一栋大楼的高度？”而几乎每个用功学生的回答都是：“用气压计测量地面与楼顶的

大气压力，然后用这个大气压力差即可计算出大楼的高度。”答案非常漂亮，也是参考书里现成的标准答案。

物理学界流传这样一则故事。某年，有一个学生对上述问题的回答居然是：“带着气压计到大楼顶，气压计上绑着一条长绳，然后缓缓垂下，等气压计触及地面时，再拉上来，绳子的长度即是大楼的高度。”老师给了他零分，但这名学生却辩说答案完全正确，应该给满分。最后师生同意请一位大师来做仲裁者。大师提醒该学生这是物理考试，答案一定要包含某些物理知识，然后给他六分钟作答。过了五分钟，答卷上还是一片空白，大师问他是否要放弃，那位学生却说：“答案有很多个，我只是在想哪一个答案最好。”然后奋笔疾书，在最后一分钟总算交了卷。他这次的答案是：“带着气压计到大楼顶，弯身松手让气压计落下，同时用码表测量气压计掉到地面所花的时间，大楼高度等于二分之一乘以重力加速度乘以时间的平方。”答案完全正确，而且也用到物理公式，老师只好给他接近满分的高分。

仲裁圆满结束后，大师好奇地问该名学生还有什么答案。结果，那位学生又一口气说出了五个答案：

一、晴天时，先测量气压计长度，还有它阴影的长度、大楼阴影的长度，然后利用比例就可算出大楼的高度。

二、带着气压计爬上楼梯，沿着墙壁以气压计的高度为单位做记号，一直标记到顶楼，看有几个标记，再乘以气压计高度，就是大楼高度。

三、把气压计悬吊在弹簧的末端，测量地面的重力值和大楼顶的重力值，从两个值的差异也可算出大楼高度。

四、在气压计上绑着长绳，垂到接近地面，像钟摆般摇晃，从摆差时间也可算出大楼高度。

五、去敲大楼管理员的门，对他说只要他说出大楼的高度，就把气压计送给他。

大师听了，问：“难道你不知道利用地面与楼顶大气压力差来计算大楼高度这种正规的方法吗？”学生回答说：“当然知道！但我喜欢动脑筋思考，自己想出来更多的方法。”

这个故事在物理学界广为流传。那位担任仲裁的大师是1908年的诺贝尔奖得主鲁斯福特，而这位学生的名字叫波尔，他后来成为举世公认的物理奇葩，1922年诺贝尔物理奖得主，原子模型的缔造者以及量子论的创建者。

每一个问题，都有一个现成而漂亮的答案。而每一个创造者，都是自己动脑筋思考，在现成答案之外，找到另一个新答案的人。

麦子点评

想要知道楼的高度，最简单的办法不如问问大楼管理员——遇到问题的时候，得出答案固然重要，可是如果能够发现其他更加简单的办法，不是更有趣吗？

二十分钟

〔英〕斯图尔特·弗兰克

11岁那年的一天，我和爸爸照例出门去散步，经过北区河畔殡仪馆门口的时候，爸爸突然停住脚步，问了我一个莫名其妙的问题：“几点了？”

我看了看表，告诉他是10点5分。然后爸爸问我看到了什么。

“没有什么特别值得注意的，”我回答，“一群人——大概150个，正排队进殡仪馆。”

“眼力不错。”爸爸满意地点点头，接着他提起别的话题，跟我讨论起体育新闻来。说了快半个小时，我发现他还没有离开殡仪馆的意思，就问：“我们要不要继续散步?”

爸爸没有立刻回答我，却突然提出了第二个奇怪的问题:“儿子，你现在能看到什么?”我向殡仪馆门口望去，刚才进去的人现在又排队出来了。

“还是没有什么特别的，”我耸耸肩，“估计是追悼会刚结束，进去的人已经出来了。”

“非常正确，”他说，“你看看现在几点了。”

我说是10点25分。爸爸点点头，若有所思地说:“对，人的一生总结起来也不过就这么长时间。”

我疑惑地抬起头:“什么时间?爸爸，我不明白您在说什么。”

“你看，儿子，追悼会上牧师宣读悼词，也就是对死者一生的总结。宣读悼词不过短短的20分钟，很多当时被认为是巨大的挫折或者伟大的成就，其实只是微不足道的小事，根本进不了这20分钟。你长大以后，无论是沮丧还是得意的时候，都要想想我这句话，你将发现眼前的道路会变得开阔许多。”

小鱼点评

这个故事告诉我们，要投入地生活，认真地做好眼前的事情，但又不能太在意和计较得失。

藏在树洞里的秘密

生活因为朴素而显出美丽，花朵只为那些内心谦卑，却充满了阳光的劳动者而盛开。阳光照耀人间，也见证了人生的疲惫、艰辛与梦想，雨水滋润着大地，为自然生生不息的奥秘作了一个生动的注释。

樵夫的斧头

佚　名

山里住着一位以砍柴为生的樵夫。他不辞辛劳地建造了一所房子，从此可以免受风雨的侵袭，日子过得很是舒坦。

有一天，他把砍好的木柴挑到城里去换一些必需品，忙碌了大半天，直到黄昏时才回到家。可是，他却发现他心爱的房子不知道什么原因起火燃烧了。左邻右舍都前来帮忙救火，但是傍晚的风势过于猛烈，最后还是没有将火扑灭，一群人只能静待一旁，眼睁睁地看着炽烈的火焰吞噬了整栋木屋。

大火终于熄灭了，樵夫手里拿了一根棍子，跑进一片废墟的屋子里不断地翻找着。围观的邻人以为他在翻找一些珍贵宝物，所以都好奇地在一旁注视着他的举动。

过了半晌，樵夫终于兴奋地叫着:“我找到了！我找到了！”

邻人纷纷向前一探究竟，才发现樵夫手里捧着的是一片斧头，根本不是什么值钱的宝物。只见樵夫兴奋地将木棍插进斧头上安装木柄的孔中，充满自信地说:“只要有这柄斧头，我就可以再建造一个更坚固耐用的家！”

没有一个成功者没有经历过失败，关键是他们能够找到自己的核心能力！

小鱼点评

每个人都有自己与众不同的一面，关键在于我们是否能够在经历了失败之后，找到我们的那把“斧子”。凡有生活的地方，就有快乐和宝藏。

猫有猫的方向

〔美〕阿尔·图尔陶

我小时候喜欢猫，喜欢所有的猫。它们伶俐可爱，毛茸茸，暖烘烘，让人不由得想抱抱它们。我喜欢抱它们，去哪里都把它们抱在怀里，爱抚它们，看它们的眼睛，倾听它们的呼噜声。

但是有一个问题，家里的猫都憎恨我。它们恨我，尽管我知道如何抱住它们，抱得很紧很紧。它们恨我，尽管我知道如何捉到它们——逼入死角，关上房间的门，迅速抓住它们的躯体。它们恨我，尽管我知道如何紧紧揪住它们脖颈儿的毛，使它们四足伸开，但它们还是恨我。它们恨我，尽管我学会把它们塞到床罩下面，压好床罩四角，让它们无法逃脱。它们一看见我，听见我的声音，就迅速地跑掉。那时我7岁。我爱它们，尽管它们恨我。

我想成为科学家，于是决定研究自己和猫之间的问题。

一天我正站在起居室里，斯特里佩，家中最老的那只猫，漫步走入，一直走到我面前(斯特里佩比我年纪还大，我18岁离家，几年后它才去世)。我抱起它，它便叫起来。我把它放在肩头，抚摩着。它喉咙里发出的呼噜声告诉我，它对此很感到惬意。

我踱了一会儿，便把它放到沙发上。霎时间它像是生起气来，把我吓了一跳，我退向壁炉，警惕地看着它。它似乎很愤怒，但并非生我的气，只是甩着尾巴，发着无名之火。过了一会儿，它跃下沙发，坐到地上，依然怒气未消。接着它走出房间，原路返回，回到了前厅，仍然是气呼呼的样子。

它走到楼梯口，坐下，依然生着气。后来它沿着原路，再次走进起居室，一直走到刚才我抱起它的地方，坐了下来。现在看起来它不再生气了，换上一副迷惑不解的表情，它坐了约1分钟，困惑地四下张望。最后它突然起来，向我抱起它时，它正要去的那个方向走去。现在，它看起来心平气和，目标明确。

我吃惊极了，这是怎么回事？作为“科学家”，我得出一个结论：斯特里佩做事是有计划的。它在楼上一觉醒来，肚子饿了。知道食物在厨房里，于是它出发了，下了楼来到前厅。

“通往厨房的门关着，没关系。穿过起居室，从餐厅也可以进厨房。阿尔站在起居室，嗯，没问题。他把我抱起来，抚摩我，好的。然后他把我放到沙发上。现在，我在沙发上干什么呢？唉，该死，我忘了要干什么了。该死，该死，让我想想。如果回到楼梯口也许会想起来。啊，对了，我要去吃饭！哈哈，那么去吧。”这是它的心理活动。

“猫做事也有计划，”我思索着，“啊！如果真是这样，那么如果我抱起它们，爱抚它们，然后把它们放回原先的位置，也许它们会更喜欢我。”

于是我养成了这个终生的习惯，把猫抱起来时，记住它们要去的方向，过后再把它们放回原地，朝向原先的方向。你知道这为什么会成为我终生的习惯吗？因为这很管用。两个月后，家里所有猫都喜欢上了我。

无论谁，都有自己的选择，自己的方向，即使是一只猫。只有对他人的选择和方向给予足够的理解和尊重，我们才能赢得他人的喜爱。

麦子点评

“猫做事也有计划”，听起来挺有趣的。赢得别人的喜爱，必须先为他们设身处地地着想。能够关心和尊重他人，是和他人交往中最好的介绍信。有的时候，一声谢谢、一个微笑或者一次过路礼让，就能够让自己受到别人的欢迎。

狮王卡罗尔

陈　俊

卡罗尔从小到大都很胆小、怯弱，成年之后，在群体出击的猎食中她总是承担恫吓骚扰猎物的职责，远远地吼叫几声，待同伴们得手后去分得一杯羹。

可是卡罗尔是莫鲁狮群的雌性首领麦琪唯一的女儿。麦琪将所有的希望都寄托在了卡罗尔身上，希望她能继承自己的王位。

在卡罗尔成年后的第二年，她终于在母亲的辅助下成了莫鲁狮群的新任女皇。可是卡罗尔骨子里的胆小始终没有改变。麦琪唯有对卡罗尔展开专项训练：麦琪带着卡罗尔在角马群、野牛群和斑马群中狂奔，不时发出咆哮造成混乱，让卡罗尔在混乱中保持清醒躲避猎物们的铁蹄和尖角。

两个月后，卡罗尔终于可以怒吼着带领狮群展开狩猎。卡罗尔越来越大胆，她甚至敢于独自向落单的野牛发起攻击。再也没有谁敢占卡罗尔的风头，除了花豹麦克。

仗着速度快，身手敏捷，趁狮群不备时，麦克敢偷走它们的食物，而且得手后就在附近的大树树杈上大快朵颐，让狮子们恨得牙痒痒却无可奈何——由于身体过于沉重，狮子上树之后顿时优势全失，稍有不慎便会从树上摔下来。

卡罗尔时刻留意机会，想要报复这个捣乱分子。机会终于来了，麦克刚捕获到一只鲜嫩的小飞羚，他叼着猎物准备爬上树去好好享受大餐时，埋伏在旁边的卡罗尔骤然窜了出来，麦克忙扔下食物跳到了树上。

卡罗尔得意地吃起了战利品。麦克躲在树上，恨恨地发出咆哮，却不敢下来应战。只好无奈地从树干上叼下一块自己留在那里的上次捕猎剩下的猎物果腹。卡罗尔看到后又愤怒起来——一定要让这个强盗尝尝饿肚子的滋味！冲动的她开始爬树。卡罗尔的冒险行径吓到了麦克，麦克不得不继续往树梢高处攀爬。

已经铁了心的卡罗尔完全忘记了危险，她盯着麦克，一步步往上攀爬。当她愈爬愈高时，脚下的枝丫发出了不堪重负的断裂声。她有点迟疑，可抬头看见更高处的麦克，她忍不住迈出了更高的一步——树杈突然断裂，卡罗尔重重坠下，当她正想调整姿势避免落地的冲击力时，一根横出的树枝骤然撞在了她的腹部，巨大的冲击力使得她的内脏瞬间破裂，她就这么挂在离地几米高的树枝上，咽了气。

卡罗尔原本非常有自知之明，但自从她做了首领后，身居高位开始自觉无所不能，正是这样的想法害死了可怜的卡罗尔。

小鱼点评

人贵有自知之明，卡罗尔却不知道这一点。生活中有太多的诱惑，在每一个岔道口，都需要我们做出选择，而这些选择是要付出代价的。我们踏出的每一步都将定格，无法改变，所以每一步我们都要有自信心，也要学会自我控制。

格罗培斯的难题

威而廉

世界著名建筑大师格罗培斯设计的迪斯尼乐园，经过3年的施工，马上就要对外开放了。然而各景点之间的道路该怎样连通，还没有具体的方案。施工部打电话给正在法国参加庆典的格罗培斯大师，请他赶快定稿，以便按计划竣工和开放。

格罗培斯大师从事建筑研究40多年，攻克过无数建筑方面的难题，在世界各地留下了70多处精美的杰作。然而建筑中最微不足道的一点小事——路径设计却让他大伤脑筋。对迪斯尼乐园各景点之间的道路安排，他已修改了50多次，没有一次是让他满意的。

接到催促电报，他心里更加焦躁。巴黎的庆典一结束，他就让司机驾车带他去了地中海海滨。他想清醒一下，争取在回国前把方案定下来。汽车在法国南部的乡间公路上奔驰。这里是法国著名的葡萄产区，漫山遍野到处是当地农民的葡萄园。一路上他看到人们将无数的葡萄摘下来提到路边，向过往的车辆和行人吆喝。然而很少有人停下来。

睡美人城堡——迪斯尼乐园标志性建筑。

当他们的车子进入一个小山谷时。发现在那里停着许多车子。原来这儿是一个无人看管的葡萄园，你只要在路边的箱子里投入5法郎就可以摘一篮葡萄上路。据说这座葡萄园主是一位老太太，她因年迈无力料理而想出这个办法。起初她还担心这种办法能否卖出葡萄。谁知在这绵延百里的葡萄产区，她的葡萄总是最先卖完。她这种给人自由选择的做法使大师格罗培斯深受启发。他下车摘了一篮葡萄，就让司机调转车头，立即返回了巴黎。

回到住地，他给施工部发了一封电报：撒上草种提前开放。

施工部按要求在乐园撒了草种。没多久，小草出来了，整个乐园的空地都被绿草覆盖。在迪斯尼乐园提前开放的半年里，草地被踩出许多小道，这些踩出的小道有窄有宽，优雅自然。第二年，格罗培斯让人按这些踩出的痕迹铺设了人行道。1971年在伦敦国际园林建筑艺术研讨会上，迪斯尼乐园的路径设计被评为世界最佳设计。

当人们问他，为什么会采取这样的方式设计迪斯尼乐园的道路时，格罗培斯说了一句话：艺术是人性化的最高体现。最人性的，就是最好的。

麦子点评

让人们自己来选择最佳的路线，这的确是一个了不起的主意。当我们遇到困难的时候，当我们因为难题而百思不得其解的时候，换换思路，转移一下注意力，这也是诱导好主意出现的办法。

被带到悬崖边的鹰

佚　名

有一个乡下老人在山里打柴时，拾到一只很小的样子怪怪的鸟，那只怪鸟和出生刚满月的小鸡一样大小，也许因为它实在太小了，它还不会飞，老人就把这只怪鸟带回家给小孙子玩耍。

老人的小孙子很调皮，他将怪鸟放在小鸡群里，充当母鸡的孩子，让母鸡养育着，母鸡果然没有发现这个异类，全权负起一个母亲的责任。

怪鸟一天天长大了，后来发现那只怪鸟竟是一只鹰，人们担心鹰再长大一些会吃鸡。然而人们的担心是多余的，那只鹰一天天长大了，却始终和鸡相处得很和睦。只是当鹰出于本能在天空展翅飞翔再向地面俯冲时，鸡群出于本能才会引起片刻的恐慌和骚乱。

时间久了，村里的人们对于这种鹰鸡同处的状况越来越看不惯，如果哪家丢了鸡，首先便会怀疑被它吃掉了，因为鹰生来是要吃鸡的。越来越不满的人们一致强烈要求：要么杀了那只鹰，要么将它放生，让它永远也别回来。

美国国徽上的白头海雕，象征着力量、勇气、自由和不朽。白头海雕的双翅展开，左右鹰爪分别抓着代表和平和武力的橄榄枝和箭。

因为和鹰相处的时间长了，有了感情，这一家人自然舍不得杀它，于是决定将鹰放走，让它回归大自然。然而他们用了许多办法，都无法让那只鹰重返大自然。他们把鹰带到村外的田野上，过不了几天那只鹰又飞回来了，他们驱赶它不让它进家门，甚至将它打得遍体鳞伤……许多办法试过了都不奏效。最后他们终于明白：原来鹰是眷恋它从小到大的家园，舍不得那个温暖舒适的窝。

后来村里的一位老人说："把鹰交给我吧，我会让它重返蓝天，永远不再回来。"老人将鹰带到附近一个最陡峭的悬崖绝壁旁，然后将鹰狠狠地向悬崖下的深涧扔去，如扔一块石头。那只鹰开始也如石头般向下坠去，然而快要坠到涧底时，它只轻轻展开双翅就稳稳托住了身体，开始缓缓滑翔，然后它只轻轻拍了拍翅膀，就飞向蔚蓝的天空。

它越飞越自由舒展，越飞动作越漂亮。这才叫真正的翱翔，蓝天才是它真正的家园！它越飞越高，越飞越远，渐渐变成了一个小黑点，飞出了人们的视野，永远地飞走了，再也没有回来。

小鱼点评

其实每个人又何尝不像那只鹰一样，总是对现有的东西不忍放弃，对舒适平稳的生活恋恋不舍呢。一个人要想使自己的人生有所造就，就必须懂得在关键时刻把自己带到人生的悬崖，给自己一片悬崖其实就是给自己一片蔚蓝的天空。

船鼠

耿志刚

一条船在海上航行，船舱里藏着一只鼠。

鼠偷吃船夫的粮食，咬坏船夫的衣物。船夫恨透了鼠，想捉住它，把它扔到海里去。

鼠有鼠的办法，它使出看家本领，在船底打洞，它要躲到洞里去，而且还要把船夫的粮食也搬到洞里藏起来。

这只鼠没有想到，它在船底打洞，不仅毁了船，而且也毁了自己。

麦子点评

伤害是一只长满了毒刺的藤蔓，凶狠毒辣令人难以忍受，伤害他人的同时也在侵蚀着自己。制造痛苦的人往往也会被自己所制造的痛苦淹没，他们承受的是比受到伤害的人还要重的伤害。

小丑

诺　维

从前，在一个平凡的村子里，有一个平凡人。他平凡得毫不起眼，人们经过他身边的时候，也不会特别去看他一眼。他有些自卑，有些自怜，也开始看不起自己了。

有一天，有一个马戏团在这个小村经过，要在这个村内做免费的表演。大部分村民没看过马戏，难得有这机会，当然不会错过了，而那一个村内的平凡人也抱着好奇的心态去看看。

马戏团的表演很精彩，有喷火表演、空中飞人表演等，令人目瞪口呆，而最受欢迎的可要数小丑表演了。舞台上有一个小丑，忽然跌跌撞撞地跑出来，正要弯腰拾回地上的帽子时，又掉了他头上的丝带，正要拾地上的丝带时，又掉了帽子了……小丑的精彩表演使得村民报以热烈的掌声。

而那一个平凡的人也彻底着迷了，他想不到小丑竟会那么受欢迎，那么好看，纵使马戏团走后一个星期，人们还在热切地谈论着小丑的表演。那一个平凡人恍然大悟了，只要他成为一个小丑，那么他也可以像小丑般受欢迎，而且以后也不会遭人忽视了。

于是平凡人从那天起，便在脸上涂满颜色，嬉皮笑脸地向别人打招倾谈，逗得人们很高兴，那些小朋友一看到他便二话不说地扑上去了。而他也学小丑般做了很多古怪的模样，或是做一些装傻的动作，令人捧腹大笑。

但是要知道，同一个笑话，说了十多次后就会失效了，所以这平凡人很努力，每天努力地想出很多惹笑的话题和动作，不令人笑个人仰马翻誓不罢休。他在村中很受欢迎，仿佛没有他的话，村里就再无欢乐可言。有一天，这平凡人病了，他躺在床上动弹不得。忽然，有一个青年跑去告诉他，村里的人知道这天不能看到他而感到失望。平凡人一听，十分感动，他觉得自己终于被人重视了。他马上从床上跳了起来，再次带起小丑的面具，蹒跚着走了出去，刚走到街上，他便马上得到一阵热烈的欢呼声，每一次掌声都令他感动……

日子一天一天地过去，有一天，这平凡人忽然感到好累，那是种打从心底的累，他不想再当小丑了。他想他的人缘既已比以往好多了，那么再扮小丑也没啥用吧。所以这天他卸下了那小丑的面具。就在他卸下面具的一刻，他忽然觉得轻松了。他走出屋外，并缓缓地走到街上，忽然他呆住了，因为他竟忘了以往的自己到底是什么样子的，是什么样的性格，说话又是什么样的语气……

他走到很多人聚集的市场去，奇怪的是，他发觉没有欢呼声，更没有人走上去搭讪，小孩子们也没有扑上来迎接他。他诧异、失望、无奈、不安，他又再打回原形了，他从没想过受欢迎的只是小丑，而不是他……

他带着沉重的脚步，慢慢地走回家去，在镜子前再次戴起那副小丑的面具……

镜子中的小丑脸正在吃吃地笑……

小鱼点评

无论在什么情况下，都要对自己充满信心，不要总是暗示自己“我是个无关紧要的人”，或者“没有人会关心我”，这些话会引爆你心里的自卑感，就像平凡人那样，迷失在了小丑的身份中。我们应该尽量用一些正面的话语激励自己，比如说“我真棒”“小问题”等。

松鼠生存的智慧

佚　名

美国东海岸，生长着一种植物——橡树，橡树的果实叫橡子。橡子有红橡子和白橡子之分，白橡子易发芽，不能长期储存，而红橡子则不易发芽，便于长期储存。

那里还生存着一种动物——松鼠，它们最喜欢吃橡子。与很多动物一样，为了度过漫长的冬季，松鼠也要储存大量的食物，它们储存的食物就是自己喜欢吃的橡子。松鼠是色盲，只能通过触觉和嗅觉找到这些橡子。虽然辨不清红与白，但只要一找到橡子，它们立马就知道是红橡子还是白橡子。如果找到了红橡子，松鼠就把它衔在嘴里，然后找一个安全的地方，挖个小洞，把橡子放在里面，然后盖上一层又一层的树叶。认为万无一失之后，再去寻找下一颗橡子。如果找到了白橡子，松鼠就立即把它吃掉，因为它们懂得，白橡子很容易发芽，不易储存，而且发了芽的橡子就没有了一点营养价值。

奇怪的是，松鼠也有储存白橡子的时候。动物学家经过观察才搞明白，那是在红橡子产量少的年份，它们储备的红橡子不足以让它们过冬，就不得不储备白橡子。但是，松鼠非常清楚，白橡子是不易储存的，等不到来年就会发芽，春天必发生饥荒。怎么办呢？松鼠自有它们的办法。它们用锋利的牙齿在白橡子外壳的顶部咬开一个洞，露出里面的果肉，再吃掉果肉上的胚芽，然后像埋藏红橡子一样把白橡子储存起来。它们知道，这样，橡子就不会再发芽了，照样可以储存到来年春天，当做它们的美食。

松鼠何等聪明。今日吃饱了，还要想着明日，而且千方百计做好来年的口粮储备，这也许就是它们面对老鹰、毒蛇等强大的天敌能够生存的秘密。为长久谋，往长远计，这就是它们的生存智慧。

麦子点评

未雨绸缪，遇事早早做好准备，就连小小的松鼠都懂得这一点，何况是我们人类呢？

一个真理两千年

立 春

在埃及的迪拉玛，有一个有趣的地方，它叫魔鬼城，坐落在帝王谷的入口处。

在比东法老到兰塞法老的600年时间里，凡是走进这个神秘小城的外地人，没有一个人不上当，没有一个人不受骗的。

有一本史书，这样写：来到这里的第一个外地人，是阿拉伯商人，他想买些银器，带回自己的国家，路上碰到一个小孩，他要小孩带路，结果被小孩骗了，小孩不动声色地骗下了他脚上正穿着的那双皮靴！

还有一位，来自大马士革，他想到帝王谷去探宝，进城还不到一刻钟，一个吉普赛人走到他面前给他算命，结果他把钱和行李乖乖地交给吉普赛人，等缓过神来，吉普赛人早就形影皆无，他活活给骗了个精光！

印度也有一位，这是位道行最高的巫师。有一次来此地漫游，也没逃出这种厄运。且不说骗术高低，施骗术人说出来都令人瞠目，是个哑巴——巫师的慧眼也没能救自己，身上唯一的一件东西——铜蛇管，竟被哑巴顺手牵走。

对于魔鬼城，对于这个千百年来的谜，人们众说纷纭。

有人说，迪拉玛是狮子、水牛、天狼三个星座在地球上的重心投射点，地理位置特殊，外地人一走进这里，脑袋就像乱了的磁场，纷纷失灵。也有的说，是埃及法老图特哈门的咒语在起作用。他的咒语是这么说的：“凡扰乱法老安宁的人必死。”在这个入口处，他在用“让你破财”的方式，仁慈地提醒你，不要轻易走进帝王谷。

自从古希腊的一位哲学家来到这里，这些说法就被动摇了。作为外地人，他在城里住了一年，不仅头脑和原来一样清晰，而且随身携带的东西一样都没丢。

有位罗马商人得知后，兴奋得不得了。他想，一个能不被骗就走出迪拉玛的人，一定破解了法老的咒语。因为他知道，这座小城是图特哈门法老有意安排的。据罗马的羊皮卷记载：图特哈门法老的陵墓修好后，为防止盗墓贼入侵，曾把关押在监牢里的3000多名骗子，很秘密地流放到这里——法老相信，一类人的智慧，必将制约另一类人的智慧！

罗马商人做出决定，一定去拜访那位希腊哲学家。

随着自己的商队，罗马商人来到希腊。可惜的是，那位哲学家已经去世5年了。希腊人又告诉他，哲学家去世之前，在摩西神庙的石壁上留下一句话。于是商人来到神庙，凝视着石壁上哲学家留下的话，激动不已：说得好啊！说得好啊！然后双膝跪地，表达对哲学家的无限敬意。

2000多年后的一天，考古学家在迦勒底山脚下挖出7个巨大的石碑，其中的一块石碑上刻着一行字：

当你对自己诚实时，天下就没有人能够骗你。

这句话，正是那位哲学家留下的。

小鱼点评

对自己诚实，不是一件容易做到的事儿。对自己诚实要做到哪些呢？我觉得，要学会不断擦拭自己的心灵，为自己的心灵除尘。每天都能反省自己，遇上问题的时候，先看一看自己有没有出错。当然，还有那句话：当你对自己诚实时，天下就没有人能够骗你。

致命的印鱼

佚　名

印鱼是著名的海洋旅行家，背部长有椭圆形的吸盘，形状极像一枚印章，能牢牢吸住平坦的物体，因而得名。利用这一特长，印鱼就能吸附在海龟的底部，轻松地周游世界，到了食物丰富的地方，它就会自动离开，饱餐之后，再搭乘下一艘“游轮”继续免费旅行。

印鱼倒是轻松自在，海龟却有说不出的烦恼。身上突然多了个东西，当然感觉不舒服，但要想把它赶走，也没那么容易。海龟转念一想，反正是个小玩意，粘在身上也没啥大碍，干脆懒得理它，久而久之也就习以为常了。直到有一天，海龟突然间感到身体失去平衡，急速上升，稀里糊涂就上了岸。倒霉的海龟，到死也没弄明白，这究竟是怎么回事？

原来，桑给巴尔岛的渔民很早就发现了印鱼的习性，于是利用它来钓海龟。当地渔民抓到印鱼后，首先在它背鳍上穿上一个小洞，然后找一根结实的尼龙绳，一头拴住印鱼，另一端牢牢地拴在船上。准备妥当，渔民又把印鱼抛进大海。印鱼误以为重获新生，自然欣喜万分，又可以自由自在地周游四海了，见到海龟就赶紧上去牢牢吸住。海龟虽然讨厌这个小家伙，但又懒得花力气把它赶走，哪知，这时渔民正在悄悄地收紧绳子……

麦子点评

大自然里的动物往往可以给我们一些启示。有了错误，就要及时改正，不然的话，小错就会变大错，到时候恐怕连后悔的机会都没有了。

生命中不能承受之重

一个从容的人，感受到的多是平和的眼光；一个自卑的人，感受到的多是歧视的眼光；一个和善的人，感受到的多是友好的眼光；一个叛逆的人，感受到的多是挑衅的眼光……

耶稣与撒旦的同一个模特

纪　一

曾经有一位画家想画耶稣，但找不到一位纯真的人，最后他在修道院里终于找到了一个修道士。画家自从完成这幅画之后，就蜚声画坛了，那位修道士模特也得到了不菲的报偿。

后来有人对画家说，你画了圣人耶稣也应该画一位魔鬼撒旦才对呀！画家认为有道理，但到哪里找一位丑陋的人呢？后来他去监狱，终于找到了一位理想的人，却还是那位修道士。

当修道士知道自己要被画成魔鬼时，大哭失声，画家疑惑地问他：“为什么哭呢？”他说：“你以前画的圣人就是我，想不到现在你画魔鬼也找的我！”

画家不解地问：“怎么会这样呢？”

修道士娓娓道来：“我自从得了那笔钱，就去花天酒地，把钱花光之后，为了满足遏制不住的欲望，就去偷、去抢、去骗……最后案发入狱。”

像圣人的是他，像魔鬼的也是他。

小鱼点评

人性中有善的一面，也有恶的一面。每个人的心里都有一个魔鬼，学会控制自己，努力地保持自己心灵的春天，是远离魔鬼，获得快乐和成功的源泉。

一只宝罐

吕金华

勤劳得宝

从前有个苦孩子，自小父母双亡，无依无靠。只得到财主家放牛过日子。每天早上放牛时，他还要割一筐青草背回去给牛儿夜间吃。有一年天大旱，山上没草了，他就到很远的地方去割草回来喂牛。那天，他费了九牛二虎之力才找到一丛茂盛的青草。奇怪，草刚刚割完，马上又长起来。放牛娃割了几天，心想:“我把它挖回去栽在房前吧，这样，牛儿就天天有嫩草吃了。”他就带来锄头挖青草，一锄下去挖出一只罐子。这时，空中一个声音说:“放牛娃，这是天帝因你勤劳奖你的一只宝罐，用它装啥就能变出啥来。有了它，你今后的生活就不愁了。”放牛娃跪谢了天帝，高高兴兴把宝罐捧回了家。

天道酬勤，勤劳者是会获得上天“奖赏”的。

分享得乐

回到家，放牛娃找来几粒米装到罐子里，过一会儿就有了满满一罐子白米。放牛娃想:“只我一人有饭吃不行呀，得让村里的穷孩子们都有饭吃才好。”就把穷孩子找到家里来分米。穷孩子们分到了米，个个都很高兴。大家找来纱布做了个罩子罩着罐子，还轮流守着罐子，生怕苍蝇、蚊子弄脏了罐子，生怕老鼠碰坏了罐子……总之，保护罐子就像保护自己的眼珠一样。罐子天天产米，穷孩子们天天都吃得饱饱的，天天都开开心心地唱歌跳舞做游戏。大家因此很尊敬放牛娃，一致把他推为老大，那些比他大的孩子也个个叫他大哥。放牛娃获得了无穷的快乐和幸福。

懂得分享的人，会受到别人尊敬，能获得更多快乐和幸福。

怀宝遭难

俗话说，没有不透风的墙，罐子的事很快被财主知道了，狠心的财主派一帮打手来到放牛娃家。打手头儿对放牛娃说:“你捡的宝罐，是我们老爷丢的，快还来!”放牛娃说:“是我在地里挖出来的，天帝把它奖给我了。”打手头儿吼道:“胡说，即使不是我家老爷丢的，也是你在给老爷家割草时挖到的，应该归老爷所有。快交出来!”穷孩子们围拢来，七嘴八舌地说:“不讲理，快滚快滚!”这时，打手们从衣服下取出木棒，照着孩子们横七竖八乱打一通。孩子们根本不是那些虎狼的对手，个个被打得鼻青脸肿，躺在地上起不来。就这样，宝罐被打手们抢去了。

弱势者有了宝贝，带来的也许是一场灾难。

独裁者毁

财主把宝罐抢去后，用它装金子出金子，用它装银子出银子。财主整天整夜亲自守着它，不让任何人看一眼。几天后，财主实在太困了，打起了盹儿。这时，一只老鼠钻到了宝罐里，便有数不清的老鼠像泉水一样从宝罐里爬出来，可是财主一点儿也不知道。从宝罐里爬出来的老鼠们挤满了所有屋子，它们开始吃粮食、咬家具、咬房屋。只一个时辰，财主家的粮食没了，家具毁了，金银被拖走了，房屋成了一大堆碎木屑。财主从碎屑中爬出来，什么也没有了，连身上的衣服都成了“杨柳花”。最后，老鼠们把宝罐抬去还给了放牛娃。贪心的财主就这样成了流落街头的乞丐。

那些只想独霸天下至宝的人，最终会毁灭自己。

怀宝蜕变

宝罐失而复得，穷孩子们更加珍惜它，也更加尊敬放牛娃了。放牛娃想，要保住这只宝罐，得有强大的实力。于是，放牛娃便让宝罐产金银财宝，放牛娃用这些财宝养了一大批打手，自己当起了大财主和大老板。时间长了，放牛娃渐渐变了，他不再同情穷人，甚至处处摆威风、耍强横，成了地方一霸。宝罐毕竟很小，出的钱财不够放牛娃那个庞大的集团消耗，放牛娃就对乡里人巧取豪夺，害得好多乡里人或家破人亡，或流亡他乡。天帝看到这种情景，长叹一声，把宝罐收回了天庭。

有些本质良好的人，一旦有了权势，就会蜕变，甚至自毁前程。

麦子点评

转变总是在不知不觉中到来，就像故事里的放牛娃一样。人不是一生下来就懂得理智、沉稳、坚忍、自信、自尊等，这些都来自后天的培养。从这个意义上来说，我们拥有的生活，其实是由我们自己决定的。

十分钟的人生

张皖男

父亲与儿子做游戏:10分钟代表一个人的一生，在这10分钟里，每人各翻一本书，从里面找“黄金”这个词，谁找得多谁就赢。

计时开始!

儿子双目圆睁，父亲逐页寻找。房间里很安静，只听见刷刷的翻书声。

“找到一个!”一分钟后儿子兴奋地叫道。

“我也找到一个。”父亲叫道。电子表上的数字不紧不慢地跳着。

5分钟后儿子蹦起来:“第3个找到了!”父亲慌了:“我这里的黄金为啥这么少呢?”

儿子得意地说:“你不会找嘛！要细心!”

电子表上的数字跳得好像更快了。

“第2个！”父亲说。

“第4个！”儿子盖过父亲的声音。

到了第8分钟，儿子又一连找到3个“黄金”。最后儿一共找到10个，父亲只找到4个。

“爸，你输了。”儿子说。父亲点点头：“我承认我输了。可是就这么完了吗？”

“还要干什么？”儿子问。“如何使用黄金，你想了吗？”父亲问。儿子考虑片刻说：“我要买一大堆巧克力、玩具，买一辆真正的赛车，还要去埃及看金字塔……”

父亲指指电子表：9分10秒。

儿子问：“又怎么了？”

父亲笑道：“你那些愿望都不现实。你已经老了，巧克力不敢吃，赛车开不动，金字塔也看不成了。你看，说着说着9分40秒了，10分钟的一生很快就要结束了。”

儿子呆呆地望着父亲。

父亲说：“为了寻找黄金，你花去了大半生的时间，却难以享用它。其实黄金并不宝贵，时间才是最宝贵的，它是每个人的终极资源。”

小鱼点评

时间是最宝贵的资源，可是总是会有类似“明天做吧”“还有明天”之类的话，在我们耳边响起。我们并不知道时间到底能做多少事儿，因为大多数人并没有充分地利用时间。那些感慨没有时间的人，他们并不懂：时间，其实是挤出来的。

石匠

何 峻

石匠的工作非常辛苦。他整天从早到晚在采石场里干活，粗糙的双手布满了老茧，弓腰驼背，面容沧桑。

他悲伤地说:“这是什么生活啊。为什么我命中注定是个石匠？为什么我不是一个富有的人？只要有了钱，我就会快乐。”

这时一个天使出现在他面前对他说:“你要怎样才会觉得自己富有而快乐呢?”

“很简单。如果我有钱，我会住在城里一个漂亮的顶层公寓里，那样我就能看到天空。我要一个有四根帐杆的卧床，铺着素净的黑色丝绸床单，好让我酣睡一整天。那样我就会快乐了。”

“现在你有钱了!”天使说着挥动了她的魔杖。于是石匠变成了富翁。他住进城里的顶层公寓，整天酣睡在铺着素净的黑色丝绸床单、有四根帐杆的床上。因此他很快乐。

直到有一天，楼下街道上的一阵骚乱惊扰了梦中人，富翁跳下床来，奔到窗前朝下俯瞰。他看见一驾漂亮的金色马车，被马匹和士兵前呼后拥。原来是国王驾到，人们蜂拥而至，又是欢呼又是鞠躬。

富翁立刻感到了不快乐。“我不快乐。国王比我的权力大。只要当了国王，我就会快乐。”

这时天使出现了，对他说:“你就是国王!”于是他做了国王。他很快乐，他觉得自己无所不能。他喜欢臣民效忠臣服的方式，喜欢仆人俯首帖耳的样子，喜欢掌控生杀大权的感觉。他真的很快乐。

直到有一天，他注意到太阳。他看见太阳有能耐做他梦中也实现不了的事情。他看见太阳能将田野由绿变黄，再由黄变黑。他看见太阳甚至能将最浩瀚的河流晒得枯竭，只留下焦干的泥滩。他看见太阳能导致生灵涂炭。

于是国王感到了不快乐。“我不快乐。太阳比我的权力大。只要我成为太阳，我就会快乐。”

这时天使出现了，对他说:“你就是太阳!”于是他变成了太阳。他很快乐。他觉得自己无所不能。他喜欢自己有能耐可让田野荒芜，让江河干涸，让全世界因他而变。所以他很快乐。

他一手遮天地统治着世界，为拥有手中的权力而欣喜若狂。

直到有一天，他注意到云，一片黑压压的雨云。他看到云能让焦黄的田野变得油绿，让江河重新水流湍急，让世界获得了重生。

于是他感到失望极了。“我一点也不快乐。这片云比我的权力大。只要我成为云，我就会永远快乐。”

这时天使出现了，对他说:“你就是云!”于是他变成了云，他很快乐。他觉得自己无所不能。

他喜欢颠覆太阳的“成果”，使奄奄一息的生命获得重生。他平生第一次感到真正的快乐。

直到有一天，他往下看到了远处的岩石。那岩石黑黑的，坚硬无比。他发现无论是用瓢泼大雨，还是绵绵细雨，他都无法撼动或摧毁岩石。那凸凹不平的岩石永远岿然不动。

不快乐的感觉再次向他袭来。于是他说:“我一点也不快乐。只要我成为那块岩石，我就会快乐。”

这时天使出现了，对他说:“你就是岩石!”于是他变成了岩石，他觉得自己无所不能。他再度为自己的力量与成就感而欣喜若狂。他喜欢抵御大自然发出的一切挑战。他嘲笑太阳，奚落雨云。

直到有一天，一个石匠来了……

麦子点评

对于一个不懂得满足的人来说，即使你给予他再多的东西，也不能填满他内心的空虚。有时候，我听到一些这样的话："我要是……"，与其发出抱怨，不如踏踏实实地付出努力，依靠自己努力得到的东西，才能给予自己真正的满足。

一段回家的旅程

〔美〕杰森·伯尔罗·卡思

我成长在西班牙南部一个叫伊新斯蒂普纳的小区里。16岁那年的一个早上，父亲说我可以开车载他到一个叫米加斯的远处的村庄——大概18英里之外的一个地方，然后我需要把车开到附近的一个加油站去加油。那时候我刚刚学会开车，并且我几乎没什么机会可以用车，所以我毫不犹豫地就答应了。

我开车把父亲送到了米加斯，说好下午4点再来接他，然后我去了附近的一个加油站，把车放在了那里。因为还有好几个小时的空余时间，我决定去加油站附近的剧院看电影。然后，我完全沉浸在影片的情节之中，以至于忘记了时间。等最后一部影片结束的时候，我看了看手表，下午6点。我迟了整整两个小时！

我想父亲如果知道我一直在看电影的话一定会非常生气，就肯定不会再让我开车了。我决定告诉他车出了一些毛病，需要修理，可是他们花了太长的时间。然后，我把车开到了我们约定的地点，父亲正坐在一个角落里耐心地等待着。我首先为我的迟到道了歉，再告诉他我本来是想尽可能快地过来的，但是车出了点毛病。我将永远不会忘记那一刻他看我的眼神。

"对于你认为你必须对我撒谎这一点，我感到非常失望，杰森。"

"噢，你说什么呀？我讲的全是实话。"

父亲又一次看了我一眼。"当你没有按时出现的时候，我就打电话给加油站问是否出了什么问题，他们告诉我你一直没过去取车。所以，你瞧，我知道车根本没有任何毛病。"一种负疚感顿时袭遍了我的全身，我无奈地承认了我去看电影的事实以及迟到的真正原因。父亲专心地听着，一阵悲伤掠过他的脸庞。

"我很生气，不是对你，是对我自己。你看，我已经认识到，作为一个父亲我其实是很失败的，如果这么多年你仍然感觉你必须对我撒谎的话。我很失败是因为我养了一个甚至不能跟他的父亲说真话的儿子。我现在要走回家去，并对我这些年做错的一些事情进行反省。"

"但是父亲，从这儿回家有整整18英里。天已经黑了，你不能走回去。"我的抗议，我的道歉，以及我后来所有的语言都是徒劳。我不得不让父亲走在车外，并将要学到我生命中最痛苦的一课。父亲开始沿着尘土弥漫的道路行走。我迅速跳到车上并紧紧地跟着他，希望他可以发发善心停下来。我一路上都在祈祷，告诉他我是多么难过和抱歉，但是他根本不理睬我，继续沉默着，思索着，脸上写满了痛苦。整整18英里的行程，我一直跟着他，时速大约为每小时5英里。

看着父亲遭受肉体和情感上的双重痛苦，是我所面对过的最令人难过和痛苦的经历。然而，它同样是生命中最成功的一课。自此，我再也没有对父亲撒过谎。

小鱼点评

这位聪明的父亲没有指责儿子，而是沉痛地检讨自己、责罚自己。结果，儿子反而接受到了真正的教育。我觉得，我们的爸爸妈妈也应该这样做，"言教"不如"身教"嘛！

哈佛开除了他

佚　名

当年，哈佛牧师立遗嘱时，把自己的一块地皮和藏书，赠给当地的一所学院。哈佛大学一直把牧师的这批书籍珍藏在哈佛楼里的一个图书馆内，并规定学生只能在馆内阅读，不能带出馆外。

1764年的一天深夜，一场大火烧毁了哈佛楼。在火灾发生前，一个学生碰巧把哈佛牧师捐赠的一册名为《基督教针对魔鬼世俗与肉欲的战争》的书带到馆外，在宿舍里，优哉游哉地阅读。

第二天，他得知失火的消息，意识到自己从图书馆带出的那本书，已是哈佛牧师捐赠的藏书中唯一存世的孤本。

著名的哈佛像。

经过一番思想斗争，他找到当时的校长，把书还给学校。校长收下书，感谢他，然后下令把他开除，理由是：他违反了校规。

不开除这名学生行吗？有人提出异议，毕竟他使哈佛牧师的书留下一本——这本应是我们的行事态度。

校长没有这么做。校长感谢那个同学，因为他诚实；开除他，因为校规不可违反。哈佛的理念是：让校规看守哈佛的一切，比让道德看守哈佛更完全有效。

法理第一，这便是哈佛的行事态度。

麦子点评

如果前提是正确的，那么结果一定是正确的。每个人都有自己恪守的准则，我很钦佩哈佛的态度。

命运陷阱

张达明

他有6匹马，骑了1匹，另5匹跟在身后，优哉游哉，好不惬意，没有目的地，哪里天黑哪里歇。

6匹马是他卖了家里的3间房买来的，准确地说，是卖了父亲留给他的祖业换来的。

他不喜欢耕田种地，只喜欢浪迹江湖，去过无忧无虑而又充满刺激的生活。

天高云淡，风和日丽，新的一天开始了。他依然漫无目的地行走着，忽然，他发现前面有片雪白的东西在蠕动，于是扬鞭策马，追赶了上去。近前，是个中年汉子赶着一群绵羊，汉子惊恐地望着这个不速之客，不知他要干什么。

而他却得意地笑了，举起马鞭，数了数羊群的数目，整整20只，又下意识地数了数自己马的数目，6匹！他心里暗暗做了盘算：用我的6，换取他的20，这样，自己就得到了汉子的20，而把自己的6转给那汉子，这笔账怎么算都划得来。

他不动声色地对汉子说:"用我的马换你的羊咋样?"

汉子愣了一下，怀疑自己的耳朵出了毛病，但当同样的问话再次传入耳朵时，汉子才确信自己的听力很正常。他激动不已，声音颤颤地问:“你不是开玩笑吧?”

他铿锵有力地回答:“谁有闲工夫和你开玩笑，男子汉大丈夫，一个唾沫一个钉!”一派顶天立地的模样。

在没有见证人的情况下，两人生意顺利成交。汉子翻身上马，准备离去，却被他叫住，汉子以为他想反悔，正要与他理论，却听到他这样一句话:“马鞭子你不要了?”

汉子如释重负，接过马鞭，带着6匹马飞奔而去，他则赶着20只羊，兴奋无比地上路了。

第二天上午，他和他的20只羊正行走在大路上，忽然暴雨倾盆，顿时浑身淋漓。他抱头准备作鼠窜状，却见大路上走来一个人，那人不慌不忙，原来那人正打着一把雨伞。

一个令他振奋的念头油然而生，他叫住了那人，说:“我用我的羊换你的伞咋样?”

那人听不懂，他又重复了一遍，那人的眼睛猛地瞪大了，像看怪物似的看着他。他真不明白：现在的人都怎么了，动不动就用这种眼神打量人。

两人僵持了一会儿，那人终于妥协了。于是，他如愿以偿，打着刚刚用20只羊换来的雨伞，慢腾腾地行进在雨雾中。这时，他忽然有了做诗的兴致，但憋了半天，终于没能吟出一句诗来，嘴里不禁骂道:“今天怎么了，怎么连句诗也吟不出呢?”

正走着，不知从哪里刮来一阵大风，他赶紧用双手攥紧伞把，可那风也太大了，竟把伞面刮离了伞把，只见那伞面忽忽悠悠地，刹那间便被大风刮得不见了踪影。

这突如其来的变故，令他茫然不知所措，怔怔地举着一根光秃秃的伞把，心情顿时坏到了极点。

他来到一个小镇上，感到浑身无力，头也有点疼。这才想起，整整一天，自己一点食物也未进，摸摸口袋，囊中羞涩。远远望去，见有一老头在卖黄瓜，便踉踉跄跄走了过去，怯怯地问:“用我这根伞把换你一根黄瓜行吗?”

老头说:“我要一根秃伞把有啥用？不换不换!”

他再三央求老头，老头是个好心人，见他那可怜样，就答应了他。

他接过老头递过来的黄瓜，狼吞虎咽地啃起来。

从此，在那个小镇上，人们经常见到一个乞丐在讨要食物，没人问他从哪里来，也没人探究他的身世，人们只知道他的身份是个乞丐。

小鱼点评

乞丐原来有6匹大马，这是他卖了祖业得来的，所以他并不珍惜。他想要周游世界，却没有计划；他一次次地进行交换，为的不过是自己眼前的需要。理想的天空原本就没有晴天，只有在风雨中飞翔的人才能把握自己的方向。

乖孩子为何没糖吃

吴淡如

如果我目前还算活得不错的话，那么，我必须感激自己不太乖，我不是一个真正的乖乖女，大家都说东，我通常会走西。

我的父母都从事教育工作，在同一个学校教到退休，他们一直期许我当公务员或老师，过那种比较没有风险的生活，还好我从来没有按照他们要的方式走。他们说写作会饿死，我说没关系；他们安排的对象，我觉得很好笑——还好我没有听话，否则现在若婚姻失败，我一定会回家怪爸妈误我一辈子。爸妈没有错，他们只是希望女儿跟别人家女儿一样乖巧平顺地生活。

不久前，曾经对我的叛逆很是头痛的爸爸，忽然对我说:“我其实很羡慕你，你好像一直在过自己要过的生活，看来也还过得蛮快乐。”

有一段时间他觉得我是个很不听话的女儿。从少女时候开始，我就学会报喜不报忧，从来不要求帮忙，什么都是先斩后奏，以至于他一点参与感也没有，连联考时都是我自己填志愿，找到工作、离职，找对象、分手，全都是一人意见，他连反对都来不及，我简直完全无视家长的尊严。

其实我没告诉我爸，有些自己曾经坚持过的选择的确很蠢，有些伤曾经很痛，有时候我真的好想有人帮忙，但因为我不是乖女孩，我没有选择听话，必须自己扛起每一次选择的结果。

曾有一个经验告诉我：你可以很乖，但在必要时得发表自己的意见，该争取时一定要开口。

我当上班族时，曾经接任过一个小部门的主管，我第一次开始有人可管。那个部门只有我和两个同事。在我们的努力下，我的部门不断地争取到新的合作方案，在我当主管的半年后，业务量是原来的三倍。

我和同事们一则喜，一则忧。业务增多固然让主管高兴，但也让我们累得喘不过气来，我愁眉苦脸地撑了三个月后，自觉不支，常忍不住私下抱怨我的大主管，他怎么没看到我们这么辛苦，把新的业务一直交过来，还常挑剔我们做得不完美。

有一天，大主管终于发现我的脸色很不好看，他叫我和他谈谈，我告诉他，工作分量已经增为三倍，而工作人数不变，我快做不下去了。

他怪起我来了:“你为什么不早告诉我呢？我一直等着你来跟我多要几个人，没想到你竟然什么都没说，所以我以为，你这个单位可以胜任更多工作量，是你自己制造了自己和你那个部门同事的负担!”

天晓得当时很年轻的我何等惊讶。原来，他不是不知道，只是在等我开口，而我竟然笨到不知道自己可以开口!

我以为自己还是学校里的好学生，老师多给一些功课压力，我就多花一点力气，靠个人小聪明把功课做完。我从没想到，原来我是可以提出要求的。

在工作上，我忍辱负重，把自己弄成一只气鼓鼓的河豚，还让同事们跟着一起受累。

我为什么不开口请求支持？真正的原因应该是：我怕开这个口会让主管觉得我能力不足，没错，是我自己有问题。

听起来很傻，对吧？但后来我发现，职场中，和我一样乖的闷葫芦不少，女性占的比例更多。事实是：如果你总是推卸责任，当然不太可能被主管信任，但如果你不懂得为自己争取应得的，你也是咎由自取，不配担大任。

有时乖小孩没糖吃，是因为他不敢告诉大人，他要吃糖。或者，糖摆在眼前，假装自己不要吃。

逆来顺受，老天未必垂怜。

太乖的孩子，通常都会逆来顺受。然而，不是每个逆来顺受的孩子，都会修得正果，拥有美好人生、平顺命运。但可不要以为，不要太乖，就是意味着要你使坏。不要太乖，你仍然要善良，要有自己的原则。但是对于不公平的事情，你也要有反击与反抗的意志。至少，在你年轻的时候，你要学会有自己的原则，逆来不顺受。

最近我读经济学上著名的“赛局理论”，看到一个很有意思的研究：一位学者设计了一个“尔虞我诈”的游戏，请一大群参赛者重复地玩来做实验，积分差者淘汰出局。结果发现，老是使出陷害别人的坏点子的家伙，得分最差，总是会被淘汰出局。

然而，那些碰到别人使坏，却犹豫着不敢还以颜色的家伙，也会沦为被剥削的一群，也会被淘汰掉。

最后的幸存者，都是一些心存善念、不先使出坏点子，但在对手使出坏点子时必然会还以颜色，证明自己不好欺负，警告对手千万别再试一次。这些人后来会以善意的策略和平共存。也就是说，坏人和软弱的人都会出局，善良的强者，才能创造双赢。

善良的强者会得到信赖。善良者赢得信赖，是最佳策略。乖孩子请不要变坏。

乖孩子若要有糖吃，要记得说出来，不要等待人家来发现你的渴望。

选择人生路，千万要为自己拿主意，不要人家说哪里好就到哪里去，走错了才怪人报错路，回头都已来不及。

乖孩子若被欺负，挨了打、跌了跤，就该知道如何避险，有原则的好孩子长保安康！

麦子点评

乖孩子，也应该有自己的原则，除了懂得宽容和坚强之外，还必须懂得在什么样的前提下才算宽容和坚强，这样才有利于问题的解决。对付一般人与人之间的挑衅或者不太友好的言行时，用开玩笑的方式以适当的幽默反弹回去。自己受到伤害的时候，要勇敢地站出来，还以颜色，这样才能保护自己，避免受到更大的伤害。

梦想无极限

佚　名

查利·博士韦尔是一个英雄。在二战的一次战斗中，他为了从中弹着火的坦克中抢救一名战友，不幸双目失明。他曾经是一个杰出的体育运动员，失明并未让他丧失对体育运动的热情，退役后他决定从事一项对于他来说完全崭新的运动——高尔夫球！

凭着他的毅力和热情，他13次获得美国盲人高尔夫球赛冠军的称号。他有一个偶像，那就是当时世界上最伟大的高尔夫球手本·霍根。本·霍根常被人们习惯地称为霍根先生，这个称呼承载的是一份敬重。如果谁曾见过他挥杆，就已算幸运，如果跟他聊过天，便是三生有幸了。而查利，有一个梦想，那就是要与霍根先生打一次高尔夫球。

霍根先生也被查利的精神所感动，同意与他见面，并和他一起打球。

“霍根先生，您愿意与我赌输赢吗？”见面时查利有些唐突地问。

“我不能与你打赌，这样做不公平！”霍根先生答道。

“来吧，霍根先生，每个洞1000美元如何？”

“不行，你双目失明，我如果这样做不光彩。”他坚持道。

“先生，你是胆小鬼吗？”

“好吧，”霍根先生有些生气了，“不过，我要声明一点，我是绝不会让你的！”

“我不稀罕，拿出你最好的水平吧！”查利信心十足地说。

“那好，查利，由你来定时间和地点！”

接着，查利·博士韦尔说了一句足足振奋残障者半个世纪的话：“今天晚上10点钟！”

小鱼点评

在看不见光的夜晚挥杆，双目失明就不再是缺点而是优点了，我能想象得出，霍根先生听了这句话以后是怎样的瞠目结舌。

学会忍耐

张秀阳

梵·高在成为画家之前，曾到一个矿区当过老师。

有一次他和工人们一起下井，在升降机中，他感到巨大的恐惧。颤巍巍的铁索嘎嘎作响，箱板在左右摇晃，所有的人都沉默着，听凭这机器把他们运进一个深不见底的黑洞。

梵·高是荷兰最有名的画家，但是他真正成名及世人给予的荣耀都在他去世之后，关于他戏剧性的一生就像他的画作一般，充满艺术家特立独行的风格。图为梵·高的《向日葵》。

事后，梵·高问一个神情自若的工人："你们是不是习惯了，就不再感到恐惧？"

这位坐了几十年升降机的老工人答道："不，我们永远不习惯，永远感到害怕，只不过我们已经学会了克制和忍耐。"

生活中有些事情，或许你永远也不习惯，但你必须得学会克制，学会忍耐。

你不习惯黑夜，但黑夜每天适时而来，你忍耐着，天就亮了；你不习惯寒冷的冬天，但冬天的脚步渐渐逼近，你忍耐着，那么春天还会远吗？

把最坏的日子都挨过去，剩下的就是好的了。

麦子点评

没有办法改变现状时，必须学会克制忍耐。

一个孩子的逃生行囊

孙道荣

不久前，一个黑头发黄皮肤的小男孩，来到了上海红十字会，用磕磕绊绊的中文，向工作人员说明了他的来意。他的名字叫查尔斯·张，是美籍华人。在电视上看到四川大地震后，他即在居住地夏威夷进行了募捐，他自己动手做了四个木捐款盒，在盒子上写明寻求捐助的原因和他的预期目标：1000美金，并承诺亲手将捐赠款送到自己的家乡上海的红十字会。他将其中的三个木盒分别放在父亲的店里，自己带上另外一个，去敲周围邻居的门，还带到学校，进行募捐。他一共募集到了2000美金的捐赠，这大大超出了他的预期目标。在父亲的陪同下，他来到上海，将捐款交给了红十字会，转送给灾区的孩子们。

这个只有9岁的孩子，他的善良和爱心，打动了在场的每一个人。大家并不知道，两年前，这个孩子也独自经历了一场惊心动魄的大地震。

2006年10月15日，清晨7时7分，美丽的夏威夷突然地动山摇，一场6.6级的大地震，瞬间袭击了整座岛屿。

只有7岁的查尔斯，当时一个人待在家里，父亲正在离家很远的另一个岛上参加马拉松训练。骤然而至的剧烈震动，让查尔斯陷入极度恐惧之中。但是，在学校就学过紧急避险和逃生常识的查尔斯，在逃离房子时，还是飞快地将几件重要的物品，塞进了他的书包。

在那样一个紧急关头，一个只有7岁的小男孩，都带走了哪些物品呢？事后，查尔斯的父亲在儿子的书包中，翻出了7件物品——

一张全家照。这是查尔斯第一个放进书包里的物品。他说，如果那天是世界末日，只有他活下来了，他会用这张照片来纪念全家。他还告诉父母，当时他想，如果弟弟也活着，他就带着弟弟一家家地敲门，直到有人愿意照顾他们。

一面国旗。

一只兔宝宝布艺玩具。查尔斯属兔，这只兔宝宝玩具还是他在婴儿时得到的礼物，这只兔宝宝一直陪伴着他。查尔斯说，兔宝宝是自己最好的朋友，任何时候也不能抛弃它。

一只海龟。查尔斯说，海龟是珍稀动物，所以要保护它们。

一个乐高玩具。这是查尔斯最喜欢的玩具。

一只紧急用电筒。这是查尔斯从老师那儿学到的常识，他相信会需要它。

一顶大力帽。这是查尔斯参加电视节目时，获得的纪念品，也是他最喜欢的。

这就是7岁男孩查尔斯逃生行囊里的全部物品，在那个危急关头，查尔斯选择将它们带在身边，因为他认为这都是最重要的物品，是能够在灾难之后，支撑他活下去的东西。

有一个细节是不能忽视的，当时，查尔斯自己有400美元的现金，就放在书桌的抽屉里，在逃离房间时，查尔斯却没有把钱放进自己的包里。他是这样解释的，在学校里，他们经常为贫穷的孩子捐钱，所以他坚信，只要能活着，虽然自己没有钱，但是一定会有人帮助他。

这就是一个7岁男孩的生命账单。你能看出这几件物品，有什么共同特征吗?

爱！爱家人，爱国家，爱动物，爱生活。

查尔斯的父亲感慨说，危难之时，所有的东西都可能在一瞬间失去，只有爱，是危难时的唯一行李。

小鱼点评

查尔斯是一个富有爱心的人，他那颗小小的内心里藏着巨大的爱。无论什么时候都应该带上爱。灾难可以夺走一切，可是只要带上爱这件行囊，我们的生活就依然充满希望。

咬过的汉堡包

佚　名

一个雨天的早晨，我把孩子们送到学校后顺便去了一家快餐店，点了早餐。几张桌子上都是没有收拾的狼藉纸杯、盒子和法式炸薯条。

一位年轻妇女与一个五六岁的男孩走进来，他们坐下点菜时又进来一个人，背微驼，穿着一件破烂的上衣。他缓慢地走向一张狼藉的桌子，慢慢地检查每个盒子，寻找残羹剩饭。当他拿起一块法式炸薯条放到嘴边时，男孩对母亲窃窃私语道："妈，那人吃别人的东西！"

"他饿了，又没有钱。"母亲低声回答。

"我们能给他买一只汉堡包吗？"

"我想他只吃别人不要的东西。"

当女服务员递给母子俩两袋外卖食品时，男孩突然从他的袋里拿出一只汉堡包，咬了一小口，然后跑到那人坐的地方，把它放在他面前的桌子上。

这个乞丐很惊讶，感激地看着男孩转身、消失。

当我离开饭店时，我看见蓝蓝的天空正从铅灰色的云朵下面露出来。

麦子点评

著名剧作家狄更斯曾这样描述生命的意义："如果我能弥补一颗破碎的心灵，我便不是徒然活着；如果我能减轻一个生命的痛苦，抚慰一处创伤，或是令一只离巢的小鸟回到巢里，我便不是徒然活着。"

做生活中的有心人

太阳升起，花开花落，好奇的疑问充满每一天。敏锐的小发现者，在成长的路上探索思考、不断发现，透过现象寻找知识的源泉；动手动脑，敏于行动，美妙的感悟充满每一天。

客厅里的爆炸

白小易

主人沏好茶，把茶碗放在客人面前的茶儿上，盖上盖儿，当然还带着那甜脆的碰击声。接着，主人又想起了什么。随手把暖瓶往地上一搁。他匆匆进了里屋，而且马上传出开柜门和翻东西的声响。

做客的父女俩待在客厅里，10岁的女儿站在窗户那儿看花。父亲的手指刚刚触到茶碗那细细的把儿——忽然，叭的一响，跟着是绝望的碎裂声——地板上的暖瓶倒了。

女孩也吓了一跳，猛地回过头来。事情尽管极简单，但这近乎是一个奇迹，父女俩一点儿也没碰它。的的确确没碰它。而主人把它放在那儿时，虽然有点摇晃，可是并没有马上就倒哇。

暖瓶的爆炸声把主人从里屋揪了出来。他的手里攥着一盒方糖。一进客厅，主人下意识地瞅着热气腾腾的地板，脱口说了声：

"没关系！没关系！"

那父亲似乎马上要做出什么表示，但他控制住了。

"太对不起了，"他说，"我把它碰了。"

"没关系。"主人又一次表示无所谓。

从主人家出来，女儿问："爸，是你碰的吗？"

"……我离得最近。"爸爸说。

"可你没碰！那会儿我刚巧在瞧你玻璃上的影儿。你一动也没动。"

爸爸笑了："那你说怎么办？"

"暖瓶是自己倒的！地板不平。李叔叔放下时就晃，晃来晃去就倒了。爸，你为啥说是你……”

“这，你李叔叔怎么能看见？”

“可以告诉他呀。”

“不行啊，孩子。”爸爸说，“还是说我碰的，听起来更顺溜些。有时候，你简直不明白是怎么回事。你说得越是真的，也越像假的，越让人不能相信。”

女儿沉默了许久：“只能这样吗？”

“只好这样。”

小鱼点评

生活中有的时候就是这样，为了不把事情弄得复杂，自己需要选择一种最为简单的方法。当我们不断积累这些处理日常小事、琐事的经验时，就能把事情做得简单、自如，自然也就能够更好地成就大事。

拒绝投币

庞启帆

这天一大早，公交车司机扎伊德像往常一样把56路公交车开出了车站。前面的几个站，一切如常，有几个人上车，也有几个人下车。扎伊德一路开车，一路吹着口哨，车里洋溢着快乐的气氛。

十几分钟后，在路线中途的一个停靠站，上来了一个高大的家伙。这个家伙身高足足有1米9，手臂有电线杆那么粗，看样子是个摔跤手。他瞥了一眼扎伊德，说道：“大汤姆不用投币。”然后走到车厢后面，一屁股坐了下去。

扎伊德的高兴劲一下子没了。他只有1米65的身高，人又长得瘦小，所以他自然不敢跟大汤姆理论。第二天，同样的事情发生：大汤姆走上公交车，做了一个拒绝投币的表情，然后走到车厢后面坐下。第三天，第四天……天天如此。

这样下去，不但公交公司的利益受到损害，扎伊德也感到相当没面子。扎伊德再也无法忍受这种侮辱。所以，他去了当地的一个中国武术馆拜师学艺。他发誓，等学好中国功夫后，一定要好好教训一顿大汤姆。

几个月后，扎伊德已经变得相当强壮，并且，他觉得自己已经成为了一个武林高手。“是到出这口恶气的时候了。”他想。

这天早上，扎伊德豪情万丈把公交车开出了车站。一路上，他不断在心里对自己说：“大汤姆，今天看我怎么收拾你！我看你还敢不买票？”不觉间，又到了中途的那个站点。大汤姆走上车，瞥了扎伊德一眼，同样还是那句话：“大汤姆不投币。”

扎伊德站起来，看了其他乘客一眼，然后大吼道：“混蛋，为什么不投币？”

大汤姆惊讶地看着扎伊德的脸，说道：“大汤姆有年票。”

麦子点评

我们在和别人的交往中，要敢于和善于坚持自己的立场和要求，对他人既不能怒形于色，也不能苟且屈从，当然也要学会在彼此的立场中达成必要的妥协。

独木舟与信念

杭大庆

古时候，有一个农夫要到另外一个村庄办事，可是当时交通不便，他只能徒步行走。

走啊走，这农夫穿过一大片森林后发现，要到达另一村子还必须经过一条河流，不然的话，就得爬过一座高山。怎么办呢？是要渡过这条湍急的河流，还是要辛苦地爬过高山？

正当这个农夫陷入两难时，突然看到附近有一棵大树，于是就用随身携带的斧头把大树砍下，并将树干慢慢地砍凿成一个简易的独木舟。这个农夫很高兴，也很佩服自己的聪明，因此他很轻松地坐着自造的独木舟就到达了对岸。

世界上最早的独木舟（公元前6300年前后）。

上岸后，农人又得继续往前走。可是他觉得这个独木舟实在很管用，如果丢弃在岸旁实在很可惜！而且万一前面再遇到河流的话他又必须再砍树，辛苦地凿成独木舟。所以，这农夫就决定把独木舟背在身上走以备不时之需。

走啊走，这农夫背着独木舟背得满头大汗，步伐也愈走愈慢，因为独木舟实在是太重了，压得他喘不过气来！

农夫边走边休息，有时真是好想把独木舟丢弃不要了！可是，他却舍不得，心想，既然已经背了好一阵子，就继续吧！万一真的遇到河流就很管用了！

然而农夫一直汗流浃背地走，走到天黑，发现一路上都很平坦，在抵达另一个村庄前都没有再遇到河流！可是，他却比不背独木舟花了三倍的时间才到达目的地。

小鱼点评

同样的一件事情，我们可以做得事半功倍，也可以做得事倍功半，关键就在于我们是否能够适时地放下我们身上的"独木舟"。比如我们曾经获得的荣誉或者是奖励，那只属于过去，背着它们上路，我们会变得不堪重负，放下它们，轻装上路，才能更早地抵达我们的目的地。

低头的智慧

石　头

美国著名的政治家和科学家、《独立宣言》起草人之一的富兰克林，有一次到一位前辈家拜访，当他准备从小门进入时，因为小门的门框过于低矮，他的头被狠狠地撞了一下。出来迎接的前辈微笑着对富兰克林说："很疼是吧？可是，这应该是你今天拜访我的最大收获。你要记住，要想平安无事地活在这人世间，你就必须时时记得低头。"

从此，富兰克林把"记得低头"作为毕生为人处世的座右铭。

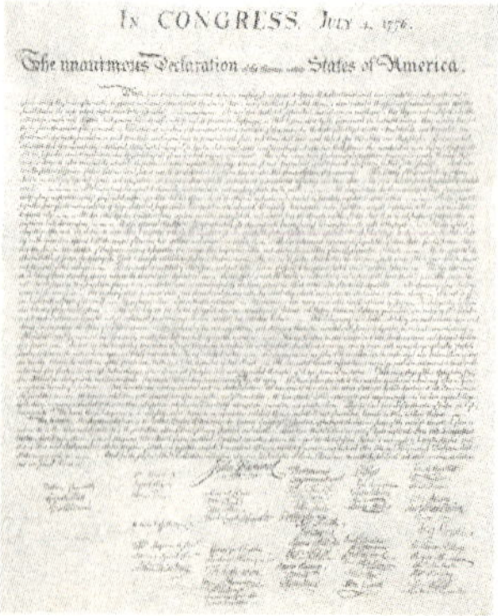

富兰克林及其参与起草的《独立宣言》。

民间有句非常贴切的谚语:“低头的是稻穗，昂头的是稗子。”越成熟越饱满的稻穗，头垂得越低。只有那些稗子，才会显摆招摇，始终把头抬得老高。

麦子点评

学会低头，这也是我们应该记住的。要想有不同的结果，就必须有不同的做事方式；要想拥有不同的生活世界，就必须有不同的自己。学会低头，不是学会妥协，而是学会以一种智慧的态度对待人生。

大方的哈姆威

流　沙

哈姆威是西班牙大马士革城的一个制作糕点的小商贩。在北美狂热的移民中，他也怀着掘金的心态来到了美国。

但美国并非他想象中的遍地是金，他的糕点在西班牙出售和在美国出售，根本没有多大的区别。

1904年夏天，哈姆威知道美国即将举行世界博览会，他把自己的糕点工具搬到了会展地点路易斯安那州。庆幸的是，他被政府允许在会场的外面出售他的薄饼。

他的薄饼生意实在糟糕，而和他相邻的一位卖冰激凌的商贩的生意却很好，一会儿就售出了许多冰激凌，很快他把带来的用来装冰激凌的小碟子用完了。

心胸宽广的哈姆威见状，就把自己的薄饼卷成锥形，用它来盛放冰激凌。

卖冰激凌的商贩见这个方法可行，便要了哈姆威的薄饼，大量的锥形冰激凌便进入客商们的手中。但令哈姆威意料不到的是，这种锥形的冰激凌被客商们看好，而且被评为"世界博览会的真正明星"。

从此，这种锥形冰激凌开始大行其道，这就是现在的蛋卷冰激凌。它的发明被人们称为"神来之笔"。

有人这样假设，如果两个商铺不靠在一起，或者哈姆威不是那样大方，那么今天我们能不能吃上蛋卷冰激凌也很难说。

别忽略你生活中的偶然，也许它就是你成功的开始。

小鱼点评

机遇只青睐有准备的头脑。哈姆威不仅把握机遇，而且自己不断地创造机遇。我们都以为机遇需要我们去等待，但很少人能明白，机遇一直在等待着我们，就看你是否真正去"揪住"它了。

一个难题

邓　迪

这是日本企业管理研究的一则案例。

有一天，日本的一家大型化妆品公司接到了顾客的投诉。该顾客称，她买了一盒肥皂，但打开肥皂盒后，发现里面竟然是空的。

公司高层知道这件事情后十分重视，随即展开了全面调查，发现顾客投诉属实，在公司生产的肥皂产品中确有空盒子现象。进一步调查后，找到了原因，是生产流水线上机器的差错。

这种差错的概率非常小，但影响却很不好。公司管理层要求技术人员技术攻关，确保这样的差错不再发生。技术人员十分努力，很快研制出一种X射线仪器，这种X射线仪器由两个人控制，可以及时确认出空的肥皂盒。为了研究出这种仪器，他们花费了大量的成本。

当这种仪器正式使用时，一名在流水线上工作的工人嫌仪器麻烦，提出了另外一个解决办法。他对准流水线放置了一台电扇，当肥皂盒经过这台电扇时，空肥皂盒就会从流水线上被吹落。

麦子点评

人的思维就是这样，当我们遇到难题时，往往心急如焚，然后就把问题复杂化了。其实，很多时候，非常恼人的问题，往简单想，反而更容易解决。

要有一把备用伞

佚　名

胡一虎是香港凤凰卫视的著名节目主持人。

2005年，胡一虎负责主持《凤凰全球连线》节目。他费尽心机，在中国台湾亲民党主席宋楚瑜应邀访问大陆之前，约好了对宋主席的专访。可是，就在离直播专访节目开始仅剩一个小时的时候，宋楚瑜方面称临时有要事，无法接受凤凰卫视的采访了。

面对突如其来的变化，胡一虎措手不及，十分焦急。因为他已经不可置疑地保证，“肯定能采访到宋楚瑜”，而且专访的节目预告已经提前播了出去。他急中生智，退而求其次，迅速与台湾亲民党副主席张昭雄取得了联系，请其代替宋主席接受采访。

虽然这次专访得到了补救，但胡一虎的父亲听说这件事之后，却非常正式地给儿子写了一封信。信中写道：

“你的自信心太强，受访问人还未满口答应接受采访，你先行预告，致临时变卦，害得你无法下台，急得如热锅上的蚂蚁，到处乱跑。为今之计，不打无把握的预告，不做不确定之事，也就是说，有一分证据说一分话，不可自寻苦恼，只顾一时高兴，而不顾后果。”

父亲还在信的背后特意附注了一段“话该怎么说”的醒世箴言：

“大事——清楚地说；小事——幽默地说；急事——慢慢地说；别人的事——小心地说；开心的事——看场合说；伤心的事——不要见人就说；没有把握的事——谨慎地说；没发生的事——不要胡说；做不到的事——别乱说；伤害人的事——不能说；现在的事——小心地说；未来的事——未来再说；自己的事——静听自己的心怎么说。”

小鱼点评

不管遇到什么情况，都要提前做好准备，不管是做人，还是做事，都是如此，这位父亲的忠告的确让我们深有体会。

见证实力

佚　名

弗里茨·克莱斯勒是世界上最伟大的小提琴家之一。随着他的财富和名气的增长，他演奏时使用了一些制造最精良的小提琴。但是，或许这几乎是注定要出现的事情，开始有了一种说法——哦，是的，克莱斯勒演奏出美妙的音乐，不过，当然啦，看看他演奏所用的精致的乐器吧……

1925年2月《时代》周刊上的弗里茨·克莱斯勒。

一天晚上他在美国举办一场演奏会，连篇累牍的广告都说这位艺术大师将用一把音色极其优美的小提琴演奏，它是有史以来一流的小提琴制造商之一瓜尔内里家族制造的。

在那天晚上的演奏会上，克莱斯勒打动了听众，使他们感到欢欣并流下了感动的眼泪。当掌声最终消失时，他来到前台，把小提琴举过头顶，然后让它落下，在他的膝盖上砸坏了小提琴。

听众都惊讶得倒抽一口气，然后陷入了沉寂。克莱斯勒慢慢地环顾大厅，随后笑了。他说："不必担心，我的瓜尔内里小提琴在我的化妆室里安然无恙。今天我只花了3美元在本地商店买了这把小提琴。"他使用的方式的确有些极端，但是他达到了目的。

麦子点评

打动人们的并不是小提琴，而是音乐。我们常常会忽视那些真正重要的东西。当人们下意识地相信某件事物的时候，奇迹就会发生。这同样适用于我们的生活，当我们的思想上有一种强烈的要改变的意识，改变就会出现。

在避风港里沉没的船

沈 湘

很久以前，有两个荷兰商人，一个叫皮耶特，一个叫马塞尔。他们都有一艘属于自己的船，并且经常一起出海经商，又一起返回。

皮耶特和马塞尔每次出发前，都要仔细检查自己的船只。如果船只有被风浪损伤的地方，就会及时修补，因为他们谁都清楚，只要船只驶入深海，稍有不慎便会船毁人亡。

一天，皮耶特和马塞尔又一次满载而归。船只一驶入避风港，皮耶特便迫不及待地邀请马塞尔上岸喝酒。马塞尔说："我们还是先检查一下各自的船只吧。"皮耶特说："你的胆子也太小了吧，如果是在深海里，也许有这个必要，可是现在我们到家了，船只也已经驶入了安全的避风港，难道你还不放心？"

马塞尔说："我们刚经历过狂风巨浪，还是检查清楚的好！"皮耶特说："正是因为刚刚经历了狂风巨浪，才累得我浑身都散了架，加上一出海便是几个月，我早就想家乡的酒喝了，你不去我就先走了。"

第二天，两人发现，皮耶特的船不见了，只有马塞尔的船好好地停在那里。马塞尔说："你的船会不会沉进水里了？"皮耶特不解地问："为什么在狂风巨浪中行走了几个月也没事，只在避风港里停留了一晚就沉没了呢？"

马塞尔说："我也不知道这是怎么回事，昨天我发现自己的船并没有多大的破损，只不过是出现了几个针孔而已，所以我便用乳胶将其堵塞住了，见你正在喝酒便没跟你说，谁会想到，今天你的船就沉没了呢？"

两人带着满腹疑问，找到了一位老前辈。老前辈说："在深海里时，船只在狂风巨浪的推动下快速前进，海水根本就无法进入针孔。如果船只静静地停在那里，海水就会悄无声息地从针孔渗入，直至让船只全部沉入水中！”接着，老前辈又说：“在我们船商的眼里，任何有损伤的船只都属于破船，哪怕它仅仅只有几个针孔！”

后来，便有了这句让所有商人铭记于心的话：“即使在安全的避风港里，破船也仍然会有沉没的危险！”

小鱼点评

每一种挫折都带着同样或较大的成功种子而来，当我们一帆风顺的时候，更需要反省自己的身上有没有出现“针孔”，这样才不至于在避风港里沉没。

给自己一双慧眼

崔鹤同

100多年前的一个圣诞节，一位美国男孩到商店选中一双深蓝色袜子，作为礼物送给母亲。可是母亲接过礼物后，脸色突变并气愤地说：“你太无礼了，你难道不知道清教徒是不能用这种颜色的吗？”

“不能用深蓝色吗？”小男孩奇怪地问。

“你买的明明是红色的！”母子二人争执起来。

小男孩去找哥哥做裁判，哥哥也说袜子是深蓝色的。于是母亲气冲冲地去问邻居，结果邻居们异口同声地说袜子是红色的。这件事引起了小男孩的深思，最后，他得出结论：自己和哥哥眼睛肯定有毛病——颜色辨别不出。小男孩进一步想，还有没有其他人的眼睛也有同样的毛病呢？

男孩长大后，经过调查和研究，写出了《论色盲》的科学论文，根据视差原理，第一个提出了色盲问题。这个因眼疾而成名的人，就是对气象、物理和化学三科都曾做出不少贡献的英国科学家道尔顿。后来人们为了纪念他，以他的名字命名色盲症为“道尔顿症”。

道尔顿能将不幸变成幸运的最根本原因是，他虽然在生理上患上眼疾，但他却为自己的心灵安装了一双慧眼。

类似的故事还有一个。在美国西北部蒙大拿州比鲁特山的达比镇，人们好多年都用习以为常的眼神仰望那座晶山。晶山之所以获得这个名称，是因为山上一条狭窄的、部分暴露出微微发光的晶体。它看上去有点像岩石，但又不是。多少年来，很少有人带着好奇心弯下身子去捡一块这种矿物质，认真地观察一下。

只有两个达比特人始终对这种晶体保持着好奇，他们名叫康顿和汤普生。直到1995年，他们才在一座城市的展览馆中看到了同一种晶体。他们看到矿物展品中的标本上附着一张卡片，说明此种晶体可用于原子能探索。他们十分激动，立刻在晶山上立柱，确立了发现权。最终，经专家检验分析，认定晶山是极有价值的世界最大的铍的储藏地之一，引起了不小的轰动，两个青年人就这样获得了成功。他们的成功看上去极容易，然而，他们之所以获得成功，是因为他们不仅用生理眼睛观察，而且还把所观察到的东西记在心里的缘故。

是的，给自己一双慧眼吧。只有拥有了一双慧眼，世界才会在你的面前变得无比美好，你的人生才会变得灿烂。

麦子点评

创新就是一种看到平常事情背后真谛的能力，在我们的生活和学习中，我们不仅要用自己的眼睛观察，还要用心灵的慧眼去发现。

成功不能只靠自己的强大

明 遥

美国南部的一个州，每年都举办南瓜品种大赛。有一个农夫的成绩相当优异，经常是首奖及优等奖的得主。他在得奖之后，毫不吝惜地将得奖的优良种子分送给周围邻居。

图中展示的是世界上最大南瓜，它的总重量为783千克。

有一位邻居就很诧异地问他："你的奖项得来不易，每季都看你投入大量的时间和精力来做品种改良，为什么还这么慷慨地将种子送给我们呢？难道你不怕我们的南瓜超越你的吗？"

这位农夫回答："我将种子分送给大家，帮助大家，其实也就是帮助我自己！"

原来，这位农夫所居住的城镇，家家户户的田都毗邻相连。如果农夫将得奖的种子分送给邻居，邻居们就能改良他们南瓜的品种，也可避免蜜蜂在传递花粉的过程中，将邻近的较差的品种转而传染给自己种的南瓜，这位农夫才能够专心致力于品种的改良。相反的，若农夫将得奖的种子私藏，则邻居们在南瓜品种的改良方面势必无法跟上，蜜蜂就容易将那些较差的品种传染给自己种的南瓜，他反而必须在防范外来花粉方面大费周折而疲于奔命。

这就是红杉长得高而又被飓风刮不倒的奥秘。

成功需要依靠别人，只有能帮助更多人成功，你自己才能更成功。农夫将得奖的种子分送给邻居，提醒我们，成功不能只靠自己的强大。

小鱼点评

成功的道路上肯定会有竞争，"优胜劣汰"当然是自然法则的核心。但是，竞争同样需要合作，只有"予人方便"，才会"予己方便"，只有"共荣"，才能"共生"。

倾听自然的圆舞曲

大自然以它自己的方式对待万物生灵，简单而和谐。它的每一条规律都是质朴的，都要我们用心去理解。人虽然是万物之灵，但如果对自然知识一无所知，只凭冲动办事，只会把我们引向相反的方向。

玉米与天空

予 羽

冬天到了，一群野鸭正在天空向南飞去，它们编成了一支漂亮的“V”字形队伍，地面上的人们望见了，对它们钦慕不已。

在这支队伍中有一只名字叫做沃莱的野鸭子。有一天，它在高空向下望，地面上一个类似斑点一样的东西吸引了它的注意。这其实是一个养鸭场，那儿有一群被驯养的鸭子。它们啄着玉米，摇摇摆摆地在场地里走来走去。

沃莱见状，欣喜万分。它自言自语道:“成天一直这样飞翔是多么累啊！我何不暂时去那儿溜达溜达，吃一些玉米，这简直太棒了！”沃莱考虑了片刻，就离开这支野鸭的编队，向左一个俯冲径直朝那个养鸭场飞去。

它在那群被驯养的鸭子中间落地，开始也和它们一样摇摇摆摆地走来走去，欢快地嘎嘎叫着，当然也毫不客气地吃起玉米来了。与此同时，天上的那群野鸭仍编着队一刻也不停留地继续它们向南迁飞的旅程。沃莱看在眼里，但是它不在乎，它暗想，当它们几个月后飞回来的时候它再加入编队中也不会为时太晚。

几个月的时间转瞬而过。当那群野鸭编队北归，飞过养鸭场上空的时候，沃莱望见了它们，它们飞得多么逍遥自在啊。沃莱开始对在养鸭场的生活感到厌倦了，因为在这儿无论它摆来摆去走到哪里，到处都是泥浆，再则就是那些鸭子了。

“是到了该归队的时候。”沃莱对自己说道。于是它使劲地拍打着翅膀想重新振翅高飞，但是沃莱吃了太多玉米，已经使它的体重增加了不少，而且它已很久没有锻炼过翅膀了。所以，它刚刚起飞就跌回到地面。因为飞得太低，它重重地跌在养鸭场的一侧。它叹息道:“唉，看来我只有再等几个月了，等到它们下一次往南迁飞的时候我再加入它们也不算太迟，到那时，我是可以再度成为一只野鸭的。”

春去冬来，时光飞逝。当那支野鸭队伍又一次飞过头顶的时候，沃莱试图从养鸭场上再次振翅腾飞起来，但是，为时已晚，它实在力不从心。以后每个冬天和春天，它都望见那群它从前的野鸭朋友们飞过头顶，并且它们似乎总在对它大声呼喊，但是沃莱所有想飞离地面的努力都成为徒劳。最后，当那群野鸭飞过头顶的时候，沃莱不再刻意去注意它们了，有时甚至浑然不觉。事实上，它已变成一只地地道道的养鸭场上的鸭子了。

小鱼点评

有时候，我们也会不堪忍受一直过“野鸭”一样的生活，迁来飞去……在我们整个的生命旅程中，一路上会遇到各种诱惑，如果我们忍不住只是想贪恋一粒玉米，那么，我们就会失去整个天空。

我没有钓住那条鱼

〔美〕约翰·韦蒂尼

我首次钓鱼的情景至今依然历历在目，仿佛在昨天刚刚发生一般。

记得那是初秋时节的一天，温煦的阳光静静地照耀着树林，叔叔带我去钓鱼。多年的垂钓经历使叔叔深谙何处小狗鱼最多，他特意将我安排在最有利的位置上。我模仿别人钓鱼的样子，甩出钓鱼钱，眼巴巴地等候鱼儿前来叮食。好一阵子什么动静也没有，我不免大为失望。“再试试看。”叔叔鼓励我道。

忽然诱饵消失得无影无踪了。

"这回好啦，"我暗忖，"总算来了一条鱼！"我赶紧猛地一拉鱼竿，岂料扯出的却是一团水草。我一次又一次地挥动发酸的手臂，把钓线抛扔出去，但提出水面时却总是空空如也。我望着叔叔，脸上露出恳求的神色。"再试一遍，"他若无其事地说，"钓鱼人得有耐心才行。"

突然间，好像有什么东西在拽我的钓线，旋即一下子将它拖入了深水之中。我连忙往上一拉鱼竿，立刻看到一条逗人喜爱的小狗鱼在璀璨的阳光下活蹦乱跳。"叔叔！"我掉转头，欣喜若狂地喊道，"我钓住了一条！""还没有哩。"叔叔慢条斯理地说。他的话音未落，只见那条惊恐万状的小狗鱼鳞光一闪，便箭一般地射向了河心。钓线上的鱼钩不见了。我功亏一篑，眼看快到手的捕获物又失去了。

我感到分外伤心，满脸沮丧地一屁股坐在草滩上。叔叔重新替我缚上鱼钩，安上诱饵，又把鱼竿塞到我手里，叫我再碰一碰运气。

"记住，小家伙，"他微笑着，意味深长地说，"在鱼儿尚未被拽上岸之前，千万别吹嘘你钓住了鱼。我不止一次看见大人们在很多场合下都像你这样，结果干了蠢事。事情未办成之前就自吹自擂一点用也没有，纵然办成了也无须自夸，这不是明摆着的么？"

打这以后，每当我听到人们为一件尚未办成的事情而自我吹嘘时，就情不自禁地回忆起叔叔那一句格言警语般的忠告："在鱼儿尚未被拽上岸之前，千万别吹嘘你钓住了鱼。"

麦子点评

越临近成功时越马虎不得。很多时候，当你刚准备松口气的时候，煮熟的鸭子却张开了翅膀。

一只创造了奇迹的鸡

朱　砂

它是一只普通的小鸡，小小个子，短短腿。一天，一群鸟儿从头顶上飞过。它好奇地问妈妈，鸟儿生下来就会飞吗？妈妈笑着摇了摇头，告诉它，小时候的鸟儿也不会飞，长大后会飞是鸟儿从小努力练习的结果。它对妈妈说，我也想练习，我想像鸟儿那样在天空中自由地飞翔。

从那天起，它便不再和兄弟姐妹们玩耍，而是学着鸟儿的样子，一次次地飞。从地上飞到一块小石头上，熟练了之后，再飞到大石头上，但每次都摔得鼻青脸肿。

民间剪纸：鸡。

冬天来了，山坡上的食物越来越少，鸡群开始有了饿肚皮的感觉。

幸运的是，不久它们便发现了一个巨大的食物源。一辆大卡车不慎从山腰上滚落下来，那些载着小麦的麻袋在惯性作用下，坠落在山涧下方的冰面上。

鸟儿最先发现了这一情况，纷纷飞去享受久违的饕餮大餐。很快，鸡们也得知了这一消息，争先恐后地向山涧涌去。

有了这些触手可得的食物，这个冬天，鸡们过得快乐而轻松。

但许多时候，危险的来临总是那么突然，让人猝不及防。

一天上午，鸡们像往常一样，成群结队地下到山涧里去吃冰面上的小麦。突然，一头脱缰的公牛不知从哪儿钻了出来，看到那些洒落一地的麦子，兴奋不已：这个冬天，由于没地可犁，每天主人只喂它个半饱，这头牛早就饿坏了。

公牛发疯般地冲了过来，正埋头在美好食物中的鸡们还没明白怎么回事，沉重的牛身就压垮了冰面，而牛的挣扎，更让冰面破裂的范围瞬间扩展。

冰冷的涧水使鸡们本能地飞了起来，然而大多数都只飞出三四米便重新落进冰水里。那是一场灾难，只有那只想像鸟儿一样飞翔的小鸡存活了下来：在牛把冰面踩塌的一刹那，它振动强有力的翅膀，一下子飞出了30多米，飞离了危险区。

它不知道，那一刻，它创造了鸡家族在冰面上飞翔距离的奇迹，此前，还没有一只鸡能在冰面上飞出如此远的距离。

小鱼点评

奇迹总是在瞬间产生，而创造奇迹的却是长时间的积累。在人的一生中，一些偶然因素经常让我们对自己失望，但是我们不能放弃希望。偶尔的缺憾和能力无关，它代表的只是经验的欠缺。我们不必把一次成败看得很重，我们应该知道，我们还有很多机会。给予一个机会可以给失望的人一束阳光，抓住每一次机会，也许就能改变你的信念和生命。

陷阱

李正华

从前，有一只蜘蛛在破旧的谷仓里编织了一张美丽的网。一旦捕获了苍蝇，它会立刻把网清理干净，这样一来其他的苍蝇就不会起疑心了。

一天，一只相当聪明的苍蝇逼近了干净的蜘蛛网。蜘蛛说道:“过来，坐一会儿。”那只苍蝇却说道:“不了，我没看见有其他的苍蝇在你的屋子里，所以我不会独自飞进去的。”

过了一会儿，苍蝇看见地面上有一大群同伴在一张牛皮纸的周围跳舞。苍蝇心想:“太好了，如果有许多苍蝇在做同一件事，那么就不用担心害怕了。”于是，它准备在地面着陆。

就在它着陆的那一刻，一只蜜蜂飞奔而来，大声说道:“蠢货，不要落在那里，那是捕蝇纸!”

苍蝇大笑道:“你别傻了，那里有一大群苍蝇在开心地跳舞，大伙总不会一起错吧?”结果自然是那只可怜的苍蝇也被粘死了。

麦子点评

苍蝇不知道的是，有时和众人保持一致反而会使自己陷入困境。遇上问题，首先需要的是开动自己的脑筋，一味地跟着别人走，只会把自己逼进角落里。

青蛙看海

都兴秋

青蛙很想看看海是什么样子。他去问苍鹰怎样才能看见海。苍鹰说:“哦，这很容易，只要你登上前面这座高山，就能看见海了。”

“天哪，那么高的山!”青蛙仰起头，吓得吸了一口冷气，“我既没有像你那样有力的翅膀，也没有像鹿那样善跑的长腿，这么高的山，我怎么上得去呢？”

“是啊，这山的确太高了。不过，除此之外，再没有别的办法了。”苍鹰说完，展翅飞走了。

青蛙很沮丧，正要准备回去，一只松鼠跳到了他面前问：“你叹什么气呀？”青蛙回答说：“我想上山去看海，可这山太高了，我上不去。”

“这石阶你能跳上去吗？”松鼠说完，跳上了一个石阶。

“这有什么不能。”青蛙说着，也跟着跳了上去。

就这样，青蛙跟着松鼠一级级跳石阶。它们累了就在草丛中歇会儿，渴了喝点山泉水。不知过了多少天，它们终于跳完所有的石阶，到了山顶。大海展现在它们眼前。

正在山顶歇脚的苍鹰看见青蛙，十分惊讶地问：“你不是说你登不上这么高的山吗？”

“是啊，”青蛙回答，“你让我登高山，我连想都不敢想。但松鼠叫我跳石阶，却是我能做到的。”

小鱼点评

一点一点的小成功，能够让你最大限度地避免因为挫折而放弃。

把它翻个个儿

佚　名

一天，游人在离海边50多米远的沙滩上，发现一只迷路的大海龟，它的头和四肢被厚厚一层干裂的沙土包裹着，已经奄奄一息。游人赶紧把水壶里的水倒在它身上，用力把它向海滩推去，但海龟纹丝不动，游人用手机向海岛管理员求救。

不到两分钟，管理员开车飞驰而至，跳下车，二话没说，猛地把大海龟翻了个四脚朝天，用锁链一头锁住它的前肢，一头挂在车尾，正在游人目瞪口呆的时候，管理员已经开着车拖着大海龟向海边驶去。车轮带起的沙子都快把它淹没了。

车开到海边，管理员才给海龟松了绑，帮它重新翻过身来，可大海龟一动不动，任凭海水拍打着它的甲壳。游人想它一定是被折磨死了，心里悲愤交加，正待发作。这时，只见清澈的海水一下接一下地冲刷着大海龟，一个大浪打来，海龟谨慎地探出头，小心翼翼地动了动前腿，又是一个巨浪，大海龟憋足了劲儿，四肢用力，缓慢地把身体推向前方。直到全身浸在水中，笨重的它突然变得优雅自如，迅速向海洋深处游去。

有时候，看似不合理的方法却是最直接最有用的方法。

麦子点评

人生不可能总是一帆风顺，它需要解决一个又一个的问题。重要的是，在遇上麻烦的时候，不要老想着纠正别人，让别人来为你的不如意负责，积极地开动脑筋，想出好方法才是最好的办法。

蓝色的追问

彭龙富

那一年，他在英国皇家学会做完力学和光学研究报告后，取道地中海乘船回印度。傍晚，他站在甲板上，望着浩瀚的海水，习习的凉风扑面而来，吹走了旅途的困顿。其他旅客也在甲板上漫步，其中一对母子的对话引起了他的注意。

"妈妈。这个大海叫什么名字?"孩子看着湛蓝的海水，欢呼着。

"地中海。"妈妈不假思索地回答。

"为什么叫地中海?"孩子半晌之后继续发问。

"因为它夹在欧亚大陆和非洲大陆之间。"妈妈想了一会儿作答。

"那它为什么是蓝色的呢?"孩子寻根问底。

地中海俯瞰图。

年轻的母亲，被孩子问得一时语塞。只好把求助的目光投向了身边的他。他轻轻拉着孩子的手，微笑着说:"海水之所以呈现出蓝色，是因为它反射了天空的颜色。"

这一解释出自以发现惰性气体而闻名于世的英国物理学家瑞利。瑞利曾经用太阳光被大气分子散射的理论解释过天空的颜色，并由此得出结论——海水的颜色是反射了天空的颜色所致。

可是，在告别那对母子之后，他的心总是不踏实，觉得自己的解释不够充分，没有十足的信服力。男孩那双充满探索精神的大眼睛让他为成人死去的"好奇心"感到羞愧。

回到加尔各答以后，他立即着手研究海水为什么是蓝色的。他利用自己的研究优势，从光线散射和水分子相互作用入手，运用爱因斯坦等人的涨落理论，获得了光线穿过净水、冰块及其他材料的散射现象的充分数据，证明出水分子对光线的散射使海水呈现出蓝色的机理与大气分子散射太阳光而使天空呈现蓝色的机理完全一样。他进一步研究，又在固体、气体和液体中分别发现了一种普遍存在的光散射效应，为科学界最终接受光的粒子说提供了有力的证据。

他叫拉曼，他发现了被人们称为“拉曼效应”的光散射效应，为物理学做出了划时代的贡献。这一贡献使他走上了诺贝尔领奖台，成为印度也是亚洲历史上第一个获此殊荣的科学家。

荣获巨奖之后，媒体的采访纷至沓来，拉曼的回答总是寥寥数语，而重复得最多的话是，我只是追问了一个人们司空见惯的问题：海水为什么是蓝色的？而这个问题却是由一个小男孩提出的，他那颗好奇心震撼了我，也启发了我。科学之路。就是要常怀好奇之心，并努力拿出确凿的证据来证明。

小鱼点评

科学家的心得居然只是一颗好奇心，这可真让我吃惊。

每天早上我们睁开眼睛的时候，就意味着获得一次新生，生命开始新的一天，就有了黎明的感觉：一切对你来说都是新鲜的，你用新奇的眼光与心态去重新发现。其实，保持这份新鲜感，真的是一种享受。

熬过生命中的冬季

佚　名

阿拉斯加丹那利的冬天，气温常会降至零下20度，那里有两种小动物的越冬方式最令人深思。

林蛙作为丹那利唯一的两栖动物，冬天将自己的身体完全“冰冻”起来，以“冻”制“冷”，和河中冻结起来的冰块混为一体。

林蛙要付出常人所无法想象的痛苦——跳入一片即将封冻的冰冷河水中，然后，一动不动地浸泡在其中，一直等到温度下降到足以把它连同河水一起冻结起来。

它在被冻僵的过程中，随着体温的不断降低，会自动分泌出一种糖液物质，形成一层厚厚的保护膜，以保证身体内所有的重要器官不被冻破裂。即便是林蛙的表皮再受损伤，也能平安越冬。

其实最难抉择和煎熬的，当属跳入河水中一刹那间的勇气，以及浮在水面上等待被冻结的坚持。

另一种生活在丹那利的动物——北极地松鼠，它在冬眠的过程中，会不停地颤动，收缩自己的肌肉，以运动的办法制造热能以保暖。研究表明，如果北极地松鼠停歇的时间一长，它的体温就会下降，继而被冻死。

谁也无法阻挡冬季的到来，上帝已经给每个生物开出了御寒的方法，虽然这些方法也许并不是什么“良方”，但只要你遵从，并且能在执行的过程中做出一定的牺牲，那么就一定能平安地度过这个季节！

麦子点评

能够忍受住极寒的煎熬的林蛙和能够不断地颤动自己生命的北极地松鼠，它们有一个共同之处，在困难面前不逃避也不退缩，迎难而上用自己的方式解决问题，这是我最欣赏它们的地方。

敌人正是自己

佚　名

驯鹿和狼之间存在着一种非常独特的关系。它们在同一个地方出生，又一同奔跑在自然环境极为恶劣的旷野上。大多数时候，它们相安无事地在同一个地方活动，狼不骚扰鹿群，驯鹿也不害怕狼。

在这看似和平安闲的时候，狼会突然向鹿群发动袭击。驯鹿惊愕而迅速地逃窜，同时又聚成一群以确保安全。

狼群早已盯准了目标，在这追和逃的游戏里，会有一只狼冷不防地窜出，以迅雷不及掩耳之势抓破一只驯鹿的腿。

游戏结束了，没有一只驯鹿牺牲，狼也没有得到一点食物。

第二天，同样的一幕再次上演，依然会冲出一只狼，依然抓伤那只已经受伤的驯鹿。

每次都是不同的狼从不同的地方窜出来做猎手，攻击的却只是那一只鹿。可怜的驯鹿旧伤未愈又添新伤，逐渐丧失大量的血和力气，更为严重的是它逐渐丧失了反抗的意志。当它越来越虚弱，已不会对狼构成威胁时，狼便群起而攻之，美美地饱餐一顿。

其实，狼是无法对驯鹿构成威胁的，因为身材高大的驯鹿可以一蹄把身材矮小的狼踢死或踢伤，可为什么到最后驯鹿却成了狼的腹中之食呢？

狼是绝顶聪明的，它一次次抓伤同一只驯鹿，让那只驯鹿一次次被失败击得信心全无，到最后它完全崩溃了，已忘了自己其实是个强者，忘了自己还有反抗的能力。当狼群攻击它时，它已没有勇气奋力一搏了。

小鱼点评

也许一次次的失败会让我变得沮丧，但我一定不会放弃。我要做一只奔跑的驯鹿，中途也许会有让人痛苦和绝望的荆棘丛，但我一定不会放弃奔跑，因为我还有勇气奋力拼搏。

赶不走的驴子

佚　名

一个人有一次去见一位大师，要求学习冥想。大师问他："在来的路上，你看到了什么？"

他记得，有一只驴子躺在路上。大师说："好吧，我先让你做一个小小的练习，如果你能做到，那我就会教你冥想。你先坐下，把那只驴子从你的脑子里赶出去。当你做到了，你再回来找我。"

可怜的人试了两个小时，但他发觉这只驴子的记忆越来越清晰，他没办法把它赶走！两个小时之后，他来到大师那里，说："实在抱歉，我根本就不能把那只驴子赶出我的头脑！"

大师说："听着！你只看了驴子一眼，甚至过了两个小时你都不能把它忘掉。现在，在你的脑子里堆积了你从小到大那么多的东西，要把这些东西去除比忘记你看过一眼的驴子不知要难上多少倍！"

大师接着说道："但如果你下定决心，真的准备要放下这些重负，那你首先必须认识到，你不必试图摆脱任何东西！不要与你的欲望抗争，不要试图摆脱它们，不要试图解决它们。而只要放下它们，忽略它们，它们就会一个一个地自己离开。"

麦子点评

驴子其实就是我们遇上的困难和问题。摆脱它们并不难，首先，我知道它们就在那儿；接下来，我会一个个地解决它们，而不是傻傻地想着它们；最后，它们自己就会离开我们的。

土狼与角马

刘 墉

每次遇到好玩又不专心的孩子，我都要说个故事。

这是我在教育台播放的非洲影片里看到的——

一群小角马在嬉戏，其中一只特别活泼，忽左忽右地又蹦又跳，还一下子飞快地冲到远处，再突然停止，头一扭，跑回同伴的身边。

远处有一只土狼，蹲在那儿，静静地看。它不动，直到小角马跑累了，停下来，土狼才突然冲过去。

在那纪录片里，镜头拉开，成为大远景，只见草原上成百上千只角马。但是土狼只追那一只小角马，它认准目标，好像仇人一般："就是它！"即使土狼从其他角马身边跑过，距离别的角马比小角马还近时，它也不改变目标，追到底。

角马虽然名字里有个"马"字，其实是一种大型羚羊。图为角马邮票。

小角马确实快，快得平常土狼绝对追不上。只怪小角马先前又蹦又跳消耗了太多的体力，土狼又穷追不舍。小角马终于不支，被土狼一口咬死。

你可以爱玩，但是要从小角马的教训中知

道，玩耍得看时候、场合，不要因为贪玩而耗费体力，失去戒心和前进的力量。

你想成功，就要学习土狼的专心。它不急不躁，静静观察，等待最佳时机才出手，而且既然认定目标，就锲而不舍，奋斗到底。

小鱼点评

我们要吸取小角马的教训，更要学习土狼的专心——做什么事情都要有专一的精神，绝不能朝三暮四、朝秦暮楚。

背起行囊走四方

美丽大自然中的一草、一木、一山、一石，吸引了我们的眼球，触动了我们的心弦，让我们背起行囊，去探索这片广阔而神奇的世界。

王石的登山秘诀

姜钦封

一支由7名业余队员组成的登山队准备攀登珠穆朗玛峰了。在这7名队员中，有两个人尤为引人瞩目。

一个是深圳万科集团董事长王石，他已年过50，要想征服世界第一高峰，谈何容易？

另一个是比王石小10岁的队友，身体素质和状态都特别好，人们纷纷预测，这名队员应该是第一个登顶的。

珠穆朗玛峰是亚洲和世界第一高峰，藏语“珠穆朗玛”就是“大地之母”的意思。

按照预定计划，登山队如期踏上征程。整个登山过程中，那名呼声最高的队员身兼数职，一路上他要接受记者采访，要抽空上网，看看网友发的帖子，回复人们的关心和祝福。不仅如此，他还要全程跟踪拍摄登山过程，并把一些相关图片按时发给家乡的电视台。

而王石恰恰相反，他表现得极为低调，事先约定不接受记者采访，不面对摄像机，只是默默地专心登山。

在海拔8000米营地宿营时，金色的夕阳倾泻在白雪皑皑的珠峰上，风景奇丽无比壮观，队友们个个兴奋异常，纷纷跑出去欣赏美景，只有王石不为所动。

第二天，登山队到达海拔8300米高度。这时，那名呼声最高的队友不得不放弃了登顶，因为他的体力已消耗殆尽。最终，7名队员中只有4人成功登顶，包括王石，而且自始至终全队只有他一人没受伤，近乎完美地登上了世界第一高峰。

下山后，王石欣然接受采访，当记者问他登顶的秘诀时，他开心地笑了："哪有什么秘诀啊？自从第一脚踏上珠峰，我的心中就只有一个目标，那就是登顶，任何与此无关的事情我一概不做。"

这就是秘诀了，两个字——专注。

小鱼点评

王石的登山经历告诉我们，一些人比另外一些人获得更多的成就，主要是由于他们比一般人更加专注和坚持，而不是由于他的天赋比别人高多少。

用多少马力驱动凯迪拉克

田　玲

自从被白人驱赶到保护区之后，印第安人一直过着贫困的日子。直到有一天，他们终于时来运转——勘探发现在划归印第安人的土地底下，蕴藏着大量的石油。

消息一经传出，各大公司蜂拥而至，争相出高价向保护区的酋长买下石油的探采权。一夜暴富的印第安酋长决定一改乘坐马车的习惯，订了一部最高级的凯迪拉克大轿车。

轿车在众族人的目光中由拖车运到。酋长端详了他的新宠座驾半天，终于找到如何驾驶这部轿车的方式。酋长要族人牵来两匹马，将马绳拴在凯迪拉克前保险杠上，由马匹拖着大轿车前行。

酋长每天坐着这辆由两匹马拉着的凯迪拉克，在周边印第安村庄中巡视。

饱暖而后知荣辱，有车后的酋长又开始学英语，想要成为跟得上时代潮流的人，等他稍稍看得懂英文后，有天心血来潮，打开那份随车所附的操作手册。不看则已，一看之下，不禁令酋长火冒三丈。

原来操作手册上清清楚楚地写着，这部凯迪拉克拥有260匹马力。酋长顿时恍然大悟，难怪他一直觉得这辆轿车虽然高级，但跑起来的速度远不及自己以前的旧马车，原来问题出在这里，这辆大轿车应该附赠260匹马儿来拉，才能使庞然大物跑得飞快。心想：那些人做生意不老实，竟然扣下了附赠的马匹。

稍通英文的酋长立刻写了一封火爆的抗议信寄给汽车公司，要求对方应赔偿他应得的马匹。

凯迪拉克公司接到这封莫名其妙的信，虽然不明白信中所指何事，但也不敢怠慢客户，马上派了一位专员前去了解情况。

专员到了印第安酋长的保护区，见到了那辆保险杠上拴着两匹马的凯迪拉克，更是一头雾水。酋长暴怒地质问他，为什么没有将260匹马同时带来？

折腾了大半天，汽车公司的专员才稍稍进入状态，便问酋长：“这部车的钥匙呢？”

酋长摇摇头答道：“什么钥匙，没见过。”

专员笑着叹气，解下保险杠上的马，请酋长坐进后座，然后从箱中取出那部车的钥匙，插进锁孔轻轻一扭，蕴藏在引擎中的260匹马力立即随着低沉的排气管隆隆作响。

专员向酋长点头致意，拉下档位，轻踩油门，轮胎发出与地面快速摩擦的声音，这部大轿车首次由260匹马力驱动，全速奔驶而去。

麦子点评

这是一则笑话，看过之后，我们是不是应该想一下，我们在用多少马力启动我们自己的“凯迪拉克”？我们是否找到了开启我们与生俱来的潜能的钥匙？

换个方向奔跑

佚　名

她是黑人，父亲是一个基督教堂的牧师，母亲是音乐教师。父亲常带她去听教会里的各种音乐、献诗，耳濡目染加上天资聪颖，她从小就显示出超强的音乐天赋。

当时她家所在的阿拉巴马州是美国种族歧视最严重的地方。黑人被公认为劣等民族，公共汽车上黑人只能坐后座，黑人白人不得同校学习，不得在一个泳池游泳，甚至不得使用同一个厕所。她发誓将来一定要出人头地，成为世界一流的钢琴演奏家，到纽约卡内基音乐厅开音乐会，用成绩告诉全世界：黑人绝不是劣等民族！

母亲告诉她一条残酷的规则：只有你做得比白人孩子高出两倍，才能和他们平等；高出三倍，才能超过对方。她谨记母亲的教诲，发愤学习，连跳两级，提前完成了初中学业，并且深爱的钢琴也一刻没有落下。

16岁时，她如愿进入著名的丹佛大学音乐学院，学习钢琴演奏，朝着既定目标稳步迈进。但是谁也没料到，后来发生的一件事彻底改变了她的人生航向。

大二那年暑假，她有幸参加了著名的阿斯本音乐节。在那里，她见到几个音乐奇才，大感震惊。她眼里难度很高的几首曲子，几个十来岁的孩子竟然弹奏自如，而她勤学苦练好几年，也无法达到他们的水平。

她突然意识到天外有天，自己的音乐天赋远不及这些孩子，如果还坚持朝音乐的方向发展，将永无出头之日。既然音乐不适合自己，无法做到世界一流，不如趁早放弃，另觅他途。这可是极为冒险的想法，当她征求父母的意见时，父母都以为她头脑发热，坚决反对。但她义无反顾，毅然放弃了为之奋斗近20年的音乐梦想。她冷静下来，开始调整方向，感觉自己更适合学习政治，随后转入了丹佛大学国际关系学院。及时的转向为她的人生揭开了崭新的一页。

美国前国务卿赖斯。

26岁那年，她以优异的成绩取得政治学博士学位，并破格成为斯坦福大学唯一的黑人助理教授。因为独到出色的政治见解，她渐渐在美国政界声名鹊起，后来又被邀入白宫，从此开始了辉煌的政治生涯。2000年年底，她成为美国第一位黑人女性国务卿，被称为“华盛顿最有权力的女人”。

她的名字叫康多莉扎·赖斯。不难想象，如果没有那次及时改变自己奔跑的方向，就不会有政治上叱咤风云举足轻重的赖斯，多的也只是一个可有可无的二流钢琴师。换一个方向奔跑，从某种意义上来说，就是换一种方式更快捷地抵达成功。

小鱼点评

如果一个人没有选定自己航船的方向，那么所有的风对他来说都是逆风。赖斯用她的经历为我们上了生动的一课：方向是自己的，有时候也需要适当调整。

捡了蝴蝶丢了澳大利亚

李辰安

200多年以前，澳大利亚还是一片新大陆，两大殖民主义强国——英国和法国决心派大军抢占这一片资源丰硕的土地。两国大军实力相当，关键在于两国船只的航海速度。英国派出弗林斯达船长领军，法国则有擅长带领三桅帆船队的航海家亚兰梅为主帅。相比之下，亚兰梅不但技术高超，而且航海知识丰富，是当时最有名望的海军高级将领。果然，亚兰梅不负众望，他带领的法国军队率先驶入了今天澳大利亚的维多利亚港，而英国的船队还在海上颠簸。

亚兰梅登陆之后，把海港命为“拿破仑港”，当军队正要安营扎寨之际，亚兰梅被一只飞来的蝴蝶吸引，他对自然生态素来有研究，发觉这是极其罕见珍贵的品种，于是下令全军停止整修，跟他一起追踪蝴蝶，希望找到更多的珍贵品种。

正当法军走入山谷，远离海港的时候，弗林斯达的英国海军登陆。原先他慨叹迟来一步，可是当见到停泊在海边的法国军舰上空无一人，也不见法国人在岸上留下任何占领标记，甚至没有一兵一卒驻守，弗林斯达大喜过望，马上派兵把整个海港占领。

当亚兰梅心满意足地带着无数珍贵蝴蝶返回时，惊讶地看到海港插满了英国旗帜，英军严阵以待，以占领者的身份祝贺亚兰梅的收获，并要求法国人立刻离开。

法国人至今仍忘不了，伟大的航海家兼自然生态学家亚兰梅因为一只蝴蝶而失去了整个澳大利亚。

麦子点评

无论什么时候，都要牢记自己的目标：不要因为一只蝴蝶而丢弃了自己的梦想。

格兰特将军的墓地

春　闻

美国纽约哈得孙河畔，1885年，这块风水宝地被当地政府圈定为美国第18届总统格兰特将军的陵园。为什么当时选择这个地方作为总统的墓地？是这里风景秀丽还是将军生前与哈得孙河有着特殊的感情？都不是，那是与总统陵墓不到一百米处的一座不知名的孩子的坟墓有关。

事情还要追溯到1797年的7月15日。那天，一个5岁小男孩跟父亲去山上放牧，途中，孩子一不小心失足坠崖身亡。父母含泪把儿子埋葬在自家的土地上，并为儿子修建一座小小的坟墓。

尤里西斯·辛普森·格兰特（Ulysses Simpson Grant）将军纪念碑。

从此以后他家道中落，再加上他们下田干活的时候，必然会看见孩子的坟墓，回来必定痛哭一场。他们为了不让失去儿子的痛苦时时折磨自己，孩子的父母决定，卖掉全部土地，迁移到远离儿子1000多公里的地方居住。在转让土地的契约里，孩子的父亲对土地的新主人提出了一个特殊要求：土地虽然以后归你所有，但孩子的墓地必须完整保留下来，不能私自拆迁和铲平，要让墓地永不毁灭。

100年过去了，这片土地不知道辗转卖过多少次，孩子的名字早已被世人遗忘，根本无从查考，但孩子的墓地却依据一个又一个的买卖契约，依次传给了下一位土地的新主人，被完好无损地保存下来。孩子父亲早已作古，他做梦都想不到的是，儿子竟会和一名总统结下了不解之缘。

1897年，格兰特总统逝世，美国政府选择安葬小男孩的地方作为格兰特总统的墓地，但这并不妨碍小男孩继续在那里待下去，政府不仅没把小男孩的坟墓迁移走，而且还把孩子的墓地重新予以修建，让他和总统永远毗邻而居。

1997年7月，格兰特陵墓建成100周年，也是小孩去世200周年。当时的纽约市长朱利安尼来到这里，在缅怀格兰特将军的同时，重新修整了孩子的陵墓。朱利安尼还亲自为这孩子撰写了墓志铭，把它刻在木牌上，立在孩子的墓边，让它世世代代流传下去。木牌上题写道:“人生下来就充满了烦恼，他的到来犹如一朵美丽的鲜花，却很快地凋谢了；他的匆匆离去，则像一道闪亮影子，仍在继续发光。”

美国前总统里根曾在一次拜谒格兰特总统墓地时说:“虽然小男孩只是一位平民的后代，但他也应享受和总统一样的待遇。因为，他的墓地属于他的私人领域，是永不可毁灭的，谁也没理由剥夺他安卧在自己领域的权利。”

尊严和平等应是这个世界永恒的主题。从这个小孩子墓地的背后，我们看到每个人应该享受到的尊严，以及私人领域不可侵犯的庄严和神圣。

哈得孙河畔这一大一小—— 一位赫赫有名的总统将军，一个不为人所知的孩子——墓碑，他们毗邻而居，形成一道奇特景观，引来了世界各地的人驻足观瞻，凝神深思。

小鱼点评

从这个小孩子墓地的背后，我们看到每个人应该享受到的尊严，以及诚信与承诺的庄严和神圣。

皇帝和磨坊

佚　名

传说德国皇帝威廉一世曾在波茨坦建了一座离宫，有一座古老的磨房就在这离宫的围墙外面不远处。

一次，威廉一世到波茨坦巡视，住进了离宫，登上高处远眺波茨坦市的全景，但许多景物却被那座磨房挡住了。威廉一世大为扫兴，即传令随员去找磨房主人，洽谈买下这座磨房后即行拆除。谁知磨房主人却十分藐视这个皇帝，对前来洽谈的人员说：“我这个磨房代代相传，无法计算它的价值。”

威廉一世听后勃然大怒，立即令人将磨房拆毁。磨房主人对此并不恐惧，一边袖手旁观任其拆毁，一边自言自语道：“当皇帝的可以这样胡作非为，我们国家的法律还有什么用？”不久，即为此事向最高法院提起上诉。最高法院根据德国的法律判决威廉一世重建磨房，并赔偿磨房主人的损失。威廉一世只得将业已拆毁了的磨房重新修建起来。

位于德国无忧宫的那座具有“德国司法独立之象征”的磨坊。

数十年后，威廉一世和磨房的主人都相继去世了。磨房主人的儿子却不能守其旧业，乃至破产，因此写信给当时的皇帝威廉二世，并在信中述说自己的父亲与威廉一世的交涉。威廉二世读信后，十分感慨，亲笔回信说：

“可爱的邻人：我怎么忍心让你丢掉这份产业？你应当竭力保住这份产业，

并传之子孙，使其世世代代在你家主权之下。这件事与我们国家关系极大，这座磨房应当长期保留下来，以作为我们国家司法独立和裁判公正的纪念。你现在很困难，我十分同情，今赠给你6000马克，供你偿还债务。你亲爱的邻人威廉复。”

磨房主人的儿子收到威廉二世的信以后，再不提及出售磨房这件事，并且教育其子孙珍惜这份祖传遗产，因此这座磨房一直保存至今。

麦子点评

即使是最穷的人，在他的寒舍里也敢于对抗国王的权威。风可以吹进这所房子，雨可以打进这所房子，房子甚至会在风雨中飘摇，但是国王不能踏进这所房子，他的千军万马不敢迈进这间门槛已经破损了的破房子——这就是对于个人的尊重吧?

真正的魔术

刘　谦

道格是20世纪最成功的魔术师，在30年前的美国，可以说是无人不知无人不晓。

他曾经在美国百老汇制作了三套大型魔术剧，八个电视专辑，以及无数次的世界巡回表演。来自加拿大的他，美国的传播媒体称他为“北方的精灵”。

1999年，他接受了美国“MAGIC”杂志专访时，访问者问到为什么他从医学院毕业之后，放弃成为一个医生，而成为了一位魔术师。

道格说了以下这个故事：

在大学时代，我在学校还小有名气，时常受到电视台的邀约，在一些电视节目中客串演出。

一次，加拿大电视台邀请我参与一个圣诞节特别节目的录影。在巡回了许多城市之后，我们来到北方的一个小镇上，电视台要求我为一群爱斯基摩人表演。

这个地方华氏零下60度，距离北极只有400里。我在一间小屋中准备好表演的道具之后，爱斯基摩人随后进来观看表演。

冰原上的爱斯基摩人。

他们穿着毛皮大衣，席地而坐，观看着我表演一些自认为还不错的拿手节目。

结果，在整个表演过程当中，爱斯基摩人就只是坐在那儿，不笑，也不出声，一直到表演结束，没有听到他们发出一丁点掌声。不过，他们倒是每个人都睁大着眼睛盯着我看。好像我是什么稀有动物一样。

在场，只有一个人会说英文，于是我问他：

"你们喜欢我的表演吗？"

"是的，我们喜欢你的表演。"他说。

于是我又问道："你们每个人都喜欢魔术吗？"

他说："魔术？"

我解释刚才我试着要娱乐大家。

他说："娱乐大家是很好，但是你干嘛要弄什么魔术呢？这个世界已经是如此神奇了啊？"

我们坐在地上，这位爱斯基摩人说道："窗外下的雪不就是魔术吗？这些微小的水晶，每一片都看起来完全不一样。多美，多神奇，这就是魔术啊！"我说道："但是，我凭空变出兔子跟鸽子来耶？"

"你为什么要做那种事情呢？"他说，"到了春天，北极到处都会出现海豹喔，也不知道它们是从哪里来的，真是神奇，这不就是魔术吗？"

我开始有点抓狂了，急着开始跟他解释到底什么是魔术，我拿出我的"死灵"道具，这是我觉得我最拿手的表演，然后秀了一段给他看，并说道："懂了吧！我让这个银色的球飞来飞去耶，这才是魔术啦！"

不料，爱斯基摩人说："每天，都会有一颗大火球浮在空中，不但给我们温暖，也照亮了世界，那才是魔术啊！"

接着，这群爱斯基摩人凑在一起，交头接耳了老半天，然后，刚才那位先生走了过来，脸上挂着一抹微笑。

他说："现在，我们终于搞清楚你为什么要做那些事情了。因为看你表演的人们，已经忘记了魔术是什么。而你所做的事情，是在提醒他们，唤醒他们对魔术的回忆，小伙子，你做的不错！"

我发现自己不自觉地掉下了眼泪。当下，我告诉爱斯基摩人说："谢谢你帮我上了一课，我现在知道了什么是魔术，我以前竟然都不知道。"这是我人生当中，真正第一次体验到神奇。

这也是我一生当中最难忘的事情。

这也是我会成为一个魔术师的理由。

小鱼点评

有什么可以比得上自然这个东西的，它最有魔力，带给人们惊喜和温暖，人可以没有别的，但不能没有自然这个精灵。

就在门后

〔美〕保罗·J·迈耶

很多年以前的一场战争中，一名间谍被敌方抓获了，被敌方首领判处死刑。

尽管这个判决是那么残酷无情，但实际上这位首领却充满了仁慈和怜悯之心。

多年来，他一直都采用一种奇怪的方式来执行死刑。他会允许被判处死刑的人在两种行刑方式中自己选择一种。或者被行刑队枪决，或是选择通过一扇神秘的黑色大门。

同样的选择，也摆在这个间谍面前。

他想选择通过那扇黑色的大门，但是，每当他走近那扇巨大而又厚重的大门并把颤抖的手伸向钥匙的时候，他都会犹豫着缓缓停下。最后，间谍告诉首领说，他宁愿被行刑队枪决，也不愿通过那扇黑色的大门。因为，对可能隐藏在神秘的黑色大门后深不可测的、未知的恐怖使他感到更加恐惧。

几分钟之后，一声枪声宣告了死刑执行完毕。

这时候，那位首领将目光从远方的地平线上收了回来，转过头来对他的副官说:“你看，人就是这样，他们总是宁愿选择已经了解的，而不愿意尝试未知的。尽管我已经给了他选择的权利，但他还是盲目地选择了死亡。”

“那扇黑色的大门后面究竟是什么呢?”副官问道。

“自由，”那位首领回答，“不过很少有人有足够的勇气打开它。”

麦子点评

我一直想不明白，为什么那些人宁愿选择死刑，都不愿意尝试另一种选择，至少在我的字典里，绝对没有“害怕”两个字。

失去是成功的开始

班 超

一位智者和他的学生正在散步，他们谈论着探访新的地方、结识不同人群的重要性，说学问正是从这些经验中积累而来的。

不知不觉间，他们走到一个贫穷落后的地区。他们路过一座破烂的房子，看见里面住着一对夫妇和他们的3个孩子。5个人都衣衫褴褛、光着脚板。屋里只有几件破家具，可算是家徒四壁。

智者问那个父亲："你们为什么要在这样的贫困地区生存呢？"

男人回答："家里有一只小奶牛可以产一些牛奶。我们用牛奶去附近的城镇换一些其他的食品，余下的我们给自己制作一些奶酪和酸奶，我们就是以此为生。"

智者感谢他的诚实，又在房子里四处看了看，就上路了。

走着走着，智者突然告诉他的学生："我必须回去，找到那头奶牛，并把它扔下悬崖。"

学生很吃惊，并试图说服老师。学生说："那一定会毁掉一个可怜的家庭！"智者不发一语，独自离去，把学生留在身后。

作为老师的忠实学生，他不得不追上老师，并帮助老师完成了计划。但是很长一段时间，奶牛坠落悬崖的画面一直折磨着他，让他身心难安。

几年后，学生决定回去看一看。也许自己能帮助那家人做点什么，可以抵偿自己的一些过失。

他刚走近那个地区，立刻发现那里有了天翻地覆的变化，一派富裕起来的好景象！他变得很沮丧，确信一定是那户人家在丢失奶牛后，被迫离开自己的家园，去外地另谋生路了，这里一定早已易主他人！

他继续往前走，看见原来那座破房子所在的地方，矗立着一座气派的楼房。一个似曾相识的男人站在门口，他正是当年的那位父亲。

学生很吃惊，问他们是怎么摆脱困境并取得今天的成功呢？

男人笑着告诉他："几年前，我们唯一的奶牛突然不见了，我们只好去发展新技能，谋求新的生存方法。结果，我们就富起来了。"男人承认，丢失那头奶牛是这个家天大的幸事啊！

有时，放弃计划好的生活，改变与奇迹才会出现，失去恰是成功的开始。

小鱼点评

有的时候，我们需要的恰恰是这样一种逼自己成功的勇气，安于现状、不思改变，就永远不会创造奇迹。

人人面前都有一根栏杆

沈　园

巴拉斯出生于一个贫困的家庭，母亲患有精神分裂症，不但无法正常工作，一旦病情发作还常常冲巴拉斯大声地吼叫甚至动手打她。父亲因患小儿麻痹症，瘸了一条腿，对生活早已失去了希望的他，不但好赌还酗酒。无人管束的巴拉斯整天像个男孩子一样四处疯跑，跟人打架，还染上了偷盗的恶习。

巴拉斯12岁那年，邻居的一个名叫威尔逊的跳高运动员，把巴拉斯带到运动场上教她练习跳高。巴拉斯站在运动场上不敢动弹，胆怯地问："威尔逊先生，我真的能像你一样成为一名跳高运动员吗？"

威尔逊反问她："为什么不能呢？"

巴拉斯说："您难道不知道，我的母亲是一个患有精神分裂症的人，我的父亲是残疾人，并且还是一个酒鬼，我的家境很糟糕……"

威尔逊再次反问她："这些与你跳高又有什么关系呢？"

巴拉斯回答不上来了，是啊，这与她跳高又有什么关系呢，巴拉斯嗫嚅了半天说："因为我不是个好孩子，而你却是那么优秀。"

威尔逊摇了摇头说："除非你自己不愿意成为一个好孩子，没有人天生就很优秀。另外，我要告诉你的是，别将不好的家境当成你变成好孩子的阻力，而要让它成为你的动力。"

威尔逊给她加了一个1米高的栏杆，结果被巴拉斯跳过了。威尔逊又将那根栏杆撤下来，结果巴拉斯仅能跳过0.6米。威尔逊说，现在这根栏杆就是你苦难的家境，而没有这根栏杆，你跳高的时候就没有足够的动力，如果你不相信的话，我现在就将栏杆加到1.2米，你一定能够跳过去的。巴拉斯咬了咬牙，真的跳过了1.2米。巴拉斯深深地相信了威尔逊的话，决定要出人头地，以自己的实力来改变家里的现状。

之后，通过威尔逊介绍，她加入了体育俱乐部，并认识了罗马尼亚的全国男子跳高冠军约·索特尔。在索特尔的精心培育下，14岁的巴拉斯跳过了1.51米。1956年夏天，19岁的巴拉斯终于跳过1.75米，第一次打破了世界纪录。

1958年，她又以1.78米的成绩创造了新的世界纪录，并从此开始了巴拉斯时代。她在1956年至1961年5年中，共14次刷新世界纪录。1960年罗马奥运会上，以1.85米的成绩获得她一生中第一枚奥运金牌，比第二名的成绩高出14厘米。1961年她再创世界纪录，越过了被誉为“世界屋脊”的1.91米的高度。此纪录一直保持了10年之久。她从1959年到1967年，在140次比赛中获胜，是世界上跳高比赛获胜最多的女运动员，被人们誉为喀尔巴阡山的“女飞鹰”。

麦子点评

我们每个人的面前都有一根栏杆，那根栏杆的名字叫苦恼、痛苦、困惑，或者是生活中其他的种种不如意。我们每个人都可以将它当成一根栏杆来跳，只要跳过了那根横亘在自己面前的栏杆，就有可能超越自己、获得成功。

亚马孙蝌蚪

星　竹

大约是夏末初秋的季节。亚马孙蝌蚪被大蛙产了下来，这时的所谓亚马孙蝌蚪，只是一团儿上万只黏在一起的卵子，除了一团白色的泡沫，什么也看不出来。这团白色的卵子，是被大蛙产在河塘上的一片阔大的荷叶上。通常，荷叶离水面有二尺高，腾于半空，这样，产在荷叶上的卵子就相对安全了一些。不过，也只是相对安全了一些。

这之后，卵子就要靠自己的生命力来慢慢孵化了，准确地说，是要看它们的造化如何。这时候的大蛙再也管不了这些暴露在光天化日下的孩子了。而此时的亚马孙河两岸，艳阳高照，正值初秋最美好的时光。整个亚马孙河上，到处都是一片金黄感人的景象，和风徐徐，在这个季节里，亚马孙河真是难得的宁静。

而这个时候，满天的红蜻蜓，正处于交配的旺盛期。它们在水面上飞来飞去，自由地翱翔，远远望去丰饶如海，真是美丽极了。

然而这些美丽得让人动情的红蜻蜓，却是以大蛙的卵子为食物的。这就是亚马孙蝌蚪命运中遇到的第一次危险。

这时的它们，尚无任何能力抵挡天敌的吞食。在还不知道这个世界到底是个什么样子的时候，便已经被红蜻蜓吃掉了多半。确切地说，红蜻蜓的存在，是仰仗于亚马孙蝌蚪的存在而存在的，毫无办法。

当剩下的亚马孙蝌蚪有了一点形状之后，一种叫做蓝水鸟的亚马孙水鸟，不早不晚，正好长大。这种小鸟来到这个世上的第一种食物，也是亚马孙蝌蚪，一切就像是准备好的一样。这种上苍安排的食物链，让亚马孙蝌蚪只好成为自然界中的一道牺牲品。

刚学会展翅的蓝水鸟，从天上俯冲下来，滑过一片片苇叶，颤颤抖抖地降落在荷叶上，开始大口大口地饱餐起来。经过蓝水鸟的再次洗劫，所剩下的亚马孙蝌蚪就更少了，它们要想真正地长成一只大蛙，往后的道路，只能被称作是一种幸运了。

图为世界最长的河流——亚马孙河。

亚马孙蝌蚪，要想从一团儿卵子中，变为真正意义上的蝌蚪，最少也要经过一个月的时间。而这个季节，又是亚马孙河上最为变化莫测、万物争荣的季节。这段日子，对于亚马孙蝌蚪来说，真是既漫长又艰辛。危险对于它们来说，实在是数不胜数。然而作为生命，这时的它们，没有一点能力可以逃脱或是躲避，它们只能一直待在荷叶上，任天敌肆意攻击。

在生机盎然的大自然中，在整个秋季，亚马孙蝌蚪的弱小卑微，简直到了可以忽略不计的程度。它们是靠着数量的众多，而看谁的命更大一些罢了。如果说得更干脆一点，这要看它们的天敌，饱餐之后剩下的到底是谁，命运就是如此，别无选择。

能逃过这一劫的亚马孙蝌蚪，马上要赶上的，是一场惊涛骇浪般的暴风骤雨。亚马孙河的最后一次潮汛这时已经形成。整个亚马孙河上终日白浪滔天，河水猛涨，不期而至的暴风骤雨会带着嘶鸣突然间从天而降，把惊恐布满大地。比豆粒还要大的雨点，会将大多数已经成形的小蝌蚪打烂撕碎，连同荷叶一起，抛洒到湍急的河水中，一泻千里。

看到这种景象的人，都会想到那句“命如纸薄”的话。暴风骤雨过后，能留下来的亚马孙蝌蚪，只能被视为一种奇迹，干脆说是不可能中的一种可能。

当这些残留于世的蝌蚪，艰难地成长为可以活动的、带腿的动物时，它们首先要做到的，就是从还没有被摧毁的残叶上尽快地滚落到河里，然后慢慢地变成一只幼蛙。这看似已经结束了的危险阶段，却又被一种新的，更危险的情景所取代。

一种叫做红扁嘴的大头鱼，这时会准时地到达一片片荷叶的下面，日夜守候在那里，仰望着头上的叶片。红扁嘴的这种行为，完全是由于基因所致，它们能准时准点地从几十里，甚至几百里外的亚马孙河上游汇集到这里。等待着刚刚在千辛万苦中长大了一点点的小蝌蚪，这真是没有办法的事。

已经成形的亚马孙蝌蚪，为了生存，这时正开始拼命地向荷叶的下面滚去。谁想，滚下一个，红扁嘴鱼就张开大嘴，接住一个。红扁嘴鱼要在这里等候一个星期，直到把亚马孙蝌蚪基本吃光为止。能够逃过这一劫，而又幸免于难的亚马孙蝌蚪，就更是一种神奇了。用“虎口脱险，死里逃生”等任何句子来形容它们的命运都不足为过。

而这时水中的一种绿得不能再绿的草蛇也会跟着来凑热闹，它们爬上荷叶，或也等在水里，将一只只成形的亚马孙蝌蚪吞进肚里……

到了这个时候，一团上万只的亚马孙蝌蚪，能剩下三到五只，就已经相当不错了，大都是整团卵子全军覆没。如果它们真的能够滚落到河里，又逃过红扁嘴鱼和草蛇的袭击，成长为一只大蛙，那实在是上苍赐予它们的一种神奇。

好在它们并没有思想，并不知道这一路活过来的苦难和艰辛，自然也就没有了抱怨。

经过重重的劫难，没有被吃掉的亚马孙蝌蚪，似乎已经获得了自由，然而，随着它们身体的长大成形，它们身边的天敌却数倍增加。天上飞的，水里游的，陆上跑的，喜欢以亚马孙大蛙为食的动物，这时会猛增到二十多种，真是天罗地网，密密如丝地罩着这些弱小的生命。只是这时的它们，出于本能，多少已经懂得了一点逃生与躲避的本领。

是的，亚马孙蝌蚪能生存下来，始终都是一个奇迹，一个神话。

它们始终处于挣扎的命运之中，与波澜壮阔的亚马孙风光总有些不相符合。从降生的数万只亚马孙蝌蚪看，最后能剩下的，还不到万分之一。因此，亚马孙蝌蚪的一生，是被公认的最为不幸，最为险象环生的一生。

当人们为它们终于在千难万险中，长成一只大蛙而庆幸时，它们的命运却猛然陡转，又一场多灾多难的经历重新开始了……简直让人喘不过气来。到了这个时候，许多人都已经不忍再看。

这时长成大蛙的亚马孙蝌蚪，会同它们的父母前辈一样，勇猛地跳上阔大的荷叶，为繁衍后代而不惜任何代价。惊险而揪心的情景也就再次出现了。为寻找配偶，它们毫无顾忌，日夜不停地对天鸣叫，这种响彻世间的蛙鸣，给它们带来的危险是毁灭性的。这会招来所有的天敌，但为了赶在雨季之前产下卵子，它们只有奋然一搏。

白天，一种叫做长尾燕的大鸟循声而来，把暴露在光天化日之下的大蛙从荷叶上一嘴叼住，衔向万里晴空，景象惨烈而又壮观。夜晚，猫头鹰从几里之外便能听到呱呱噪噪的蛙声，它们从天空直落到荷叶上，一口将大蛙吞进肚里。而为了繁衍后代，大蛙们不但不会躲避这些猛勇的天敌，反而会相互挤在一起，高叫不止，比着谁的歌声更为嘹亮，用彼此的牺牲，保护着彼此。同时，这也是它们为繁衍后代吸引配偶的全部所在。有些义不容辞的味道！

结果，不少亚马孙蝌蚪，虽然经过千辛万苦长成了一只大蛙，可是在这最后的一刻里，还是无法幸免于难。

亚马孙蝌蚪，算得上是生命物种中最为多灾多难的一种了。因此，它对人们的触动也是震撼与颠覆性的，它始终给人以心灵上的撞击。一再告诫人们，作为生命，人已经是多么的幸运和造化，应该懂得去珍惜、热爱和善待自己。

小鱼点评

看到大蛙为了繁衍后代引吭高歌，我感受到了一种悲壮的情感。自然界的弱肉强食往往能够引起我们最大的共鸣和感慨，因为和那些挣扎在死亡线上的蝌蚪相比，我们实在是太幸运了，我们又怎么能够不去珍惜和善待自己？

后　记

“窗边的小百灵·故事文丛”是一套“与教材同步、与成长同步、与兴趣同步”的学生同步阅读书。

在本书的编写过程中，我们精心为孩子选择了大量生动有趣的小故事，同时在每一篇文章的面都加入了点评。这些点评是以小男孩麦飞飞和小女孩俞乐儿为参照人物编写而成的，短小而生动，真实而贴心。希望能够在“故事+点评”这一由我们开创的图书体例下，挖掘出更多、更丰富的内容，并得到广大家长、老师和小读者的认可，让这套丛书真正成为孩子成长过程中不可缺少的快乐的“小百灵”。

能够为广大学生奉献这样一份阅读盛宴，首先要感谢多年来一直关爱着我们的读者及众多朋友，大家的支持和帮助让我们受益匪浅。还有书中所有故事的作者，更是我们的良师益友，因为他们的智慧和汗水，我们才能为孩子们带来这样美妙的阅读体会。

在本书的编写中，我们收录了许多优秀文章，并和其中绝大部分的作者取得了联系。由于种种原因，仍然有一部分作者无法联系上。敬请作者或著作权人予以谅解，并请您及时与我们联系，我们将奉寄样书并支付稿酬。我们的电话是：010-51987730，我们的邮箱是：canglang @vip.sina.com。

最后要说的是，我们真诚欢迎专家学者以及老师家长对本套丛书进行批评指正，提出宝贵意见，也期待与更多同仁专家的合作，以便为我们的孩子奉献出更多更好的精神食粮。

编　者

图书在版编目(CIP)数据

青春,羞涩的"小痘痘"/王文湛主编. —北京:中国妇女出版社,2010.5
ISBN 978-7-80203-992-6

Ⅰ.①青… Ⅱ.①王… Ⅲ.①语文课—初中—课外读物
Ⅳ.①G634.303

中国版本图书馆 CIP 数据核字(2010)第 053027 号

青春,羞涩的"小痘痘"

主　　编:王文湛
责任编辑:黄宾莉
责任印制:王卫东
出　　版:中国妇女出版社出版发行
地　　址:北京东城区史家胡同甲 24 号　**邮政编码:**100010
电　　话:(010)65133160(发行部)　65133161(邮购)
网　　址:www.womenbooks.com.cn
经　　销:各地新华书店
印　　刷:北京正合鼎业印刷技术有限公司
开　　本:170×240　1/16
印　　张:11.75
字　　数:165 千字
版　　次:2010 年 5 月第 1 版
印　　次:2010 年 5 月第 1 次
书　　号:ISBN 978-7-80203-992-6
定　　价:16.80 元
